VIDA!
Reflexões sobre Sua Jornada

Louise L. Hay

VIDA!
Reflexões sobre Sua Jornada

Tradução:
Larissa Ono

MADRAS

Publicado originalmente em inglês sob o título *Life! Reflections on Your Journey*, por Hay House, Inc., California, USA.
© 1995, Louise L. Hay.
Direitos de edição e tradução para o Brasil.
Tradução autorizada do inglês.
© 2015, Madras Editora Ltda.

Editor:
Wagner Veneziani Costa

Produção e Capa:
Equipe Técnica Madras

Tradução:
Larissa Ono

Revisão de Tradução:
Sonini Ruiz

Revisão:
Neuza Rosa
Aparecida Pereira S. Maffei
Arlete Genari

Dados Internacionais de Catalogação na Publicação (CIP)
(Câmara Brasileira do Livro, SP, Brasil)

Hay, Louise L.
    Vida! : reflexões sobre sua jornada / Louise L. Hay; tradução Larissa Ono. – São Paulo: Madras, 2015. – 2. ed. –
    Título original: Life! Reflections on your journey
    Bibliografia
    ISBN 978-85-370-0785-3

    1. Conduta de vida I. Título.

12-08134   CDD-158

Índices para catálogo sistemático:
1. Conduta de vida: Psicologia aplicada 158

É proibida a reprodução total ou parcial desta obra, de qualquer forma ou por qualquer meio eletrônico, mecânico, inclusive por meio de processos xerográficos, incluindo ainda o uso da internet, sem a permissão expressa da Madras Editora, na pessoa de seu editor (Lei nº 9.610, de 19.2.98).

Todos os direitos desta edição, em língua portuguesa, reservados pela

MADRAS EDITORA LTDA.
Rua Paulo Gonçalves, 88 — Santana
CEP: 02403-020 — São Paulo/SP
Caixa Postal: 12183 — CEP: 02013-970
Tel.: (11) 2281-5555 — Fax: (11) 2959-3090
www.madras.com.br

Para meu querido público, que está comigo há
muitos anos, e para aqueles de vocês que já vieram a
meu encontro, dedico este livro para o enriquecimento
de suas vidas. Venha comigo e aprenda a fazer
o restante de seus dias neste belo planeta Terra
os melhores e mais gratificantes
anos de sua vida.

VOCÊ pode ajudar a curar nossa sociedade!

Índice

Prefácio 9
Introdução 15

Capítulo Um – Problemas da Infância:
Moldando-nos para o Futuro.. 19

Capítulo Dois – Mulheres sábias 31

Capítulo Três – Corpo saudável, planeta saudável 51

Capítulo Quatro – Os relacionamentos em sua vida................... 79

Capítulo Cinco – Ame seu trabalho... 91

Capítulo Seis – Corpo... Mente... ESPÍRITO! 103

Capítulo Sete – Idosos de Excelência 115

Capítulo Oito – Morte e morrer: a transição de nossa alma. 137

101 Pensamentos para a Vida!... 147

Prefácio

Decidi escrever este livro como uma sequência de *You Can Heal Your Life* e *O Poder Está em Você** porque muitas pessoas ainda me enviam cartas fazendo perguntas sobre questões básicas acerca do significado da existência e sobre como podemos ser as melhores pessoas possíveis, apesar de nossas experiências passadas, as coisas que podem ou não ter sido "feitas" por nós e também perante nossas expectativas sobre como o restante de nossas vidas prosseguirá. Essas são pessoas que estão trabalhando com conceitos metafísicos e que estão mudando suas vidas e sua maneira de pensar. Elas estão renunciando a padrões e crenças antigos e negativos. Também estão aprendendo a amar mais a si mesmas.

Visto que o título deste livro é *Vida!*, eu o estruturei em ordem cronológica livre, que reflete alguns dos progressos pelos quais passamos na vida, ou seja, começo com algumas das questões que enfrentamos quando somos jovens (problemas da infância, relacionamento, trabalho e assim por diante) e conduzo às preocupações que temos em nossa velhice.

Agora, caso você não esteja familiarizado com minha filosofia e as palavras que pretendo utilizar quando explicar tais

---
*N.E.: Publicado no Brasil pela Madras Editora.

conceitos, deixe-me compartilhar algumas dessas informações com vocês.

Primeiramente, utilizo com frequência termos como *Universo*, *Inteligência Infinita*, *Poder Superior*, *Mente Infinita*, *Espírito*, *Deus*, *Poder Universal*, *Sabedoria Interior* e assim por diante para me referir àquela Força que criou o Universo e que também reside dentro de você. Se você contestar o uso de alguns desses termos, em sua mente simplesmente os substitua por alguma outra coisa que funcione para você. Afinal de contas, a palavra por si só não é importante, e sim o significado por trás dela.

Ademais, você perceberá que separo as sílabas de determinadas palavras de modo diferente em relação a outras pessoas. Por exemplo, sempre separo as sílabas de *do-ença* da seguinte forma: do-ença, para destacar o que a palavra realmente significa e enfatizar tudo o que não está em harmonia com você ou seu ambiente. De modo semelhante, nunca utilizo a palavra *AIDS* em letras maiúsculas, e sim em minúsculas: *aids*. Acredito que isso diminui o poder da palavra.

No que diz respeito à minha filosofia, de forma geral, acredito que seja importante que eu reveja alguns dos conceitos que vivenciei, mesmo que você tenha me ouvido falar sobre eles antes – a menos que meu trabalho seja novidade para você.

De maneira muito simples, acredito que você colhe aquilo que planta; que todos contribuem e são responsáveis pelos acontecimentos de nossas vidas – tantos os bons como os assim chamados ruins. Criamos nossas experiências baseadas nas palavras que falamos e nos pensamentos que temos. Quando criamos paz e harmonia em nossas mentes e temos pensamentos positivos, atraímos experiências positivas e pessoas com opiniões semelhantes às nossas. Ao contrário, quando ficamos "presos" a culpa, acusações, mentalidade de vítima, nossas vidas são frustrantes e improdutivas, e também atraímos pessoas com opiniões semelhantes. Na essência, o que estou dizendo é que aquilo que acreditamos em relação a nós mesmos e sobre a vida se torna verdade para nós.

Alguns dos outros pontos básicos de minha filosofia podem ser resumidos da seguinte maneira:

- **É apenas um pensamento, e um pensamento pode ser modificado.**
Acredito que tudo em nossa vida começa com um pensamento. Não importa qual seja o problema, nossas experiências são apenas efeitos exteriores de pensamentos interiores. O auto-ódio é simplesmente odiar um pensamento que você tem sobre si. Por exemplo, se você tem um pensamento que diz: "Sou uma pessoa ruim", esse pensamento então produz um sentimento de auto-ódio no qual acreditou. Se você não tivesse o pensamento, não teria o sentimento. Pensamentos podem ser modificados. Escolha conscientemente um novo pensamento, por exemplo, "Sou maravilhoso". Mude o pensamento, e o sentimento muda também. Todos os pensamentos que temos criam nosso futuro.

- **A questão do poder está sempre no momento presente.**
Este momento é tudo o que temos. O que escolhemos para pensar, acreditar e dizer no momento presente está formando as experiências de amanhã, da próxima semana, do mês seguinte, do próximo ano e assim por diante. Quando nos concentramos em nossos pensamentos e em nossas crenças agora mesmo no momento presente, selecionar esses pensamentos e crenças com o mesmo cuidado que podemos escolher um presente para um amigo especial, então nos é permitido determinar um curso de nossas próprias escolhas em nossas vidas. Se estivermos focados no passado, então não temos muita energia para dispor no momento presente. Se estivermos vivendo no futuro, estamos vivendo em uma fantasia. O único momento real é agora mesmo. É onde nosso processo de mudança se inicia.

- **Devemos nos libertar do passado e perdoar a todos.**
Nós somos aqueles que sofrem quando nos prendemos a mágoas passadas. Damos às situações e às pessoas de nosso passado o poder sobre nós, e essas mesmas situações e pessoas nos mantêm mentalmente subjugados.

Eles continuam a nos controlar quando permanecemos presos à "falta de perdão". É por isso que o exercício do perdão é tão importante. Perdão – livrar-se daqueles que nos magoaram – é abrir mão de nossas próprias identidades como sendo aquela que foi ferida. Isso nos permite libertar-nos de nosso ciclo desnecessário de dor, raiva e recriminação que nos mantém aprisionados em nosso próprio sofrimento. O que perdoamos não é a ação, mas os atores – estávamos perdoando seu sofrimento, confusão, inabilidade, desespero e humanidade. Quando deixamos os sentimentos saírem e permitimos sua libertação, conseguimos, então, seguir adiante.

- **Nossas mentes estão sempre ligadas Àquela Mente Infinita.**

Estamos conectados a esta Mente Infinita, este Poder Universal que nos cria, por meio daquela centelha de luz interior, nosso Eu Mais Elevado ou o Poder interior. A Mente dentro de nós é a mesma Mente que conduz toda a vida. Nossa preocupação é aprender as Leis da Vida e cooperar com elas. O Poder Universal ama todas as Suas criações e também nos proporciona o livre-arbítrio para tomar nossas próprias decisões. É um Poder definitivo, e Ele direciona tudo em nossas vidas quando o permitimos. Não é uma força vingativa, punidora. Trata-se de uma lei de causa e efeito. É amor puro, liberdade, compreensão e compaixão. Aguarda em repouso alegre enquanto aprendemos a nos conectar a Ele. É importante para transferir nossa vida ao Eu Mais Elevado, pois por meio Dele recebemos nosso benefício.

- **Ame a si mesmo.**

Seja incondicional e generoso em seu amor por si mesmo. Elogie-se o tanto quanto conseguir. Quando você perceber que é amado, então aquele amor inundará todas as áreas de sua vida, retornando a você muitas e muitas vezes multiplicado. Por essa razão, amar a si mesmo ajudará a curar este planeta. Ressentimento, medo, censura e culpa causam mais problemas do que qualquer outra coisa, mas *podemos* mudar nossos padrões de pensamento, perdoar a nós mesmos e aos outros, e aprender a amar a si próprio, fazendo desses sentimentos destrutivos coisas do passado.

- **Cada um de nós decide encarnar neste planeta em um momento e espaço específicos para aprender lições que nos avançarão em nossa trajetória espiritual e evolucionária.**

Acredito que todos estamos em uma jornada infindável pela eternidade. Escolhemos nosso gênero, nossa cor, nosso país e então buscamos por aí os pais perfeitos que "espelharão" nossos modelos. Todos os acontecimentos que se desenrolam em nossas vidas e todos os indivíduos que encontramos nos ensinam lições valiosas.

Ame sua vida e a si mesmo... Eu amo!

Louise L. Hay
San Diego, Califórnia

Introdução

Durante os últimos cinco anos ou mais, reduzi o ritmo de minhas conferências e viagens e agora me tornei uma espécie de fazendeira. Passo a maior parte do meu tempo em meu belo jardim, que é repleto de plantas, flores, frutos, legumes e árvores de todos os tipos, e tenho enorme prazer em colocar as mãos e os joelhos na massa, cavando o solo. Abençoo o solo com amor, e ele produz em abundância para mim.

Sou uma jardineira orgânica, ou seja, nem uma simples folha deixa minha propriedade. Tudo vai para a pilha de compostagem, e eu estou gradualmente desenvolvendo meu solo de modo que seja rico e nutritivo. Também me alimento de meu jardim o tanto quanto possível, aproveitando as frutas e os legumes frescos durante todo o ano.

Estou mencionando aqui minhas atividades de jardinagem como uma introdução para alguns dos materiais que apresentarei neste livro. Você sabe, nossos pensamentos são como as sementes que você planta em *seu* jardim. Solo rico e fértil produz plantas fortes e saudáveis. Mesmo as sementes boas se esforçam muito para crescer em solo pobre, cheio de ervas daninhas e pedras.

Os jardineiros sabem que, ao planejar um novo jardim ou renovando um antigo, a coisa mais importante a fazer é preparar o solo. Pedras, entulhos, ervas daninhas e plantas velhas e estragadas precisam ser removidos primeiro. Em seguida, se você for um jardineiro sério, cavará duas vezes à profundidade de duas pás, mais uma vez removendo raízes e pedras. Então você acrescenta o máximo de matéria orgânica possível. Tenho preferência por composto orgânico, estrume de cavalo e farinha de peixe. Sete a dez centímetros dessas correções de solo e compostos são colocados em cima e então escavados ao solo e bem misturados. Agora há algo digno de ser plantado! Tudo que é plantado nesse solo crescerá muito e se desenvolverá em uma planta forte e saudável.

O mesmo cabe ao solo de nossas mentes, nossas crenças básicas. Se quisermos que afirmações novas e positivas – ou seja, os pensamentos que temos e as palavras que falamos – tornem-se verdadeiras para nós assim que possível, então nos esforçaremos mais para preparar nossas mentes a serem receptivas a essas novas ideias. Podemos fazer listas de todas as coisas em que acreditamos (por exemplo, "O que eu acredito em relação a trabalho, prosperidade, relacionamentos, saúde, etc.) e examinar essas crenças para a negatividade. Você poderia perguntar a si mesmo: "Quero continuar a basear minha vida nesses conceitos limitados?". Então você pode cavar duas vezes para eliminar as antigas ideias que nunca sustentarão sua nova vida.

Quando o maior número possível de crenças antigas e negativas for eliminado, acrescente uma grande dose de amor e trabalho ao solo de sua mente. Agora, quando você planta novas afirmações em sua mente, elas brotarão rapidamente e sua vida mudará para melhor tão depressa que você se perguntará o que aconteceu. Você sabe, o esforço extra sempre vale a pena para preparar o solo, seja no seu jardim ou em sua mente.

Neste livro, cada capítulo termina com algumas afirmações positivas pertinentes às ideias que examinamos. Selecione algumas delas que tenham significado para você e as repita com frequência. O tratamento ao fim de cada capítulo é uma corrente de ideias positivas para auxiliá-lo a mudar sua consciência para um sistema de crença de afirmação de vida. Note que todos os tratamentos e afirmações são feitos em primeira pessoa, no tempo verbal presente. Nós nunca dizemos "eu irei" ou "se", ou "quando" ou "assim", pois essas são declarações retardadoras. Sempre que fazemos uma declaração ou uma afirmação, sempre é "eu tenho", "eu sou", "eu sempre" ou "eu aceito". Essas são declarações de aceitação imediata, e o Universo cuidará disso AGORA!

Por favor, lembre-se de que algumas das ideias que lerá nos capítulos seguintes serão mais significativas para você do que outras. Você pode desejar ler o livro uma vez e então voltar e trabalhar com os conceitos que fazem sentido para você ou que se aplicam à sua vida atual. Faça com que essas ideias sejam parte de você. Posteriormente, poderá se aproximar dos capítulos que despertam coisas em você ou daqueles que possivelmente não parecem se aplicar a você.

À medida que se fortalecer em uma área, você descobrirá que as demais são mais fáceis de serem desenvolvidas. E a próxima coisa que tomará conhecimento é que notará que está crescendo de uma muda até uma árvore alta e bonita cujas raízes estão plantadas de modo firme no solo. Em outras palavras, você florescerá naquela complexa, magnífica, misteriosa, incomparável coisa chamada...

VIDA!

Capítulo Um

Problemas da Infância: Moldando-nos para o Futuro

"Olho com amor para a criança que fui, consciente de que fiz o melhor que pude com o conhecimento que tive na ocasião."

Meus primórdios

AS PESSOAS GERALMENTE olham para mim em conferências e imaginam: "Ah, ela tem tudo isso, ela nunca teve um problema na vida e sabe todas as respostas". Isso está longe da verdade. Eu particularmente não conheço nenhum bom professor que não passou por muitas noites tenebrosas na alma. A maioria deles veio de infâncias incrivelmente difíceis. É por meio da cura de sua própria dor que aprenderam a ajudar outros a curar suas vidas.

Em meu próprio caso, sei que minha vida era absolutamente maravilhosa, do que me recordo, até meus 18 meses de idade. Então, tudo teve consequências adversas para mim, especialmente em meu ponto de vista.

Meus pais de repente se divorciaram. Minha mãe era uma mulher sem estudo e foi trabalhar como doméstica. Eu fui colocada em uma série de orfanatos. Meu mundo inteiro caiu. Não havia nada com quem podia contar ou ninguém para me abraçar e me amar. Finalmente, minha mãe conseguiu um emprego doméstico no qual pôde me levar para morar com ela. Porém, àquela altura, o estrago já tinha sido feito.

Quando eu tinha 5 anos, minha mãe se casou novamente. Anos depois ela me contou que se casara, então eu teria um lar. Infelizmente ela se casou com um homem agressivo, e a vida se transformou em um inferno para nós duas. Foi durante esse mesmo ano que fui estuprada por um vizinho. Quando isso foi descoberto, disseram-me que era minha culpa e que eu havia constrangido a família. Houve um processo judicial, e ainda me lembro do trauma do exame médico e de ser obrigada a testemunhar. O estuprador recebeu uma sentença de dezesseis anos. Eu vivia com medo de que ele fosse libertado, pois acreditava que viria e me pegaria por ser uma menina má por tê-lo colocado na cadeia.

Também cresci durante a Depressão, e quase não tínhamos nenhum dinheiro. Havia uma vizinha que me dava dez centavos por semana, e esse dinheiro entrava no orçamento familiar. Naqueles dias você podia comprar um filão de pão ou uma caixa de mingau de aveia por dez centavos. Em meu aniversário e no Natal ela me dava a enorme quantia de um dólar, e minha mãe podia ir ao mercado Woolworth e comprar minhas roupas íntimas e meias para o ano. Minhas roupas vinham de doações. Eu tinha de ir à escola com vestimentas que não me serviam.

Minha infância foi com abuso físico, trabalho duro, pobreza e zombaria na escola. Faziam-me comer alho cru todos os dias, para que não tivesse vermes. Eu não tinha vermes, nem amigos. Era a garota que cheirava e se vestia de modo estranho.

Agora compreendo que minha mãe não podia me proteger na época, pois não conseguia proteger a si mesma. Ela também havia sido educada para acreditar que as mulheres aceitavam qualquer coisa que os homens ordenavam. Demorou muito tempo para eu perceber que essa maneira de pensar não precisava ser a verdade para mim.

Quando criança, ouvi repetidas vezes que eu era burra, inútil e feia – a fedelha imprestável que tinha de ser alimentada. Como eu poderia me sentir bem em relação a mim mesma quando estava sendo constantemente bombardeada com afirmações negativas? Na escola, eu ficava em pé no canto e observava as outras crianças brincarem. Não me sentia querida ou desejada em casa ou na escola.

Quando entrei no início da adolescência, meu padrasto decidiu não bater tanto em mim. Em vez disso, ele começou a dormir comigo. Isso iniciou um ciclo de terror que durou até eu sair de casa quando tinha apenas 15 anos. Naquela época, estava tão faminta por amar, tinha uma autoestima tão baixa que, se algum jovem me envolvesse com seus braços, iria para a cama com ele. Não me autovalorizava, então como eu poderia ter moral?

Tive uma filhinha assim que fiz 16 anos. Fiquei com a criança por cinco dias até entregá-la a novos pais. Olhando agora para essa experiência, percebi que o bebê precisava encontrar seu caminho até aqueles pais específicos, e fui o veículo para levá-la lá. Com minha falta de autoestima e minhas crenças negativas a meu respeito, precisei da experiência da humilhação. Tudo se encaixou.

O que aprendemos quando crianças afeta quem nos tornaremos

Falamos muito sobre gravidez na adolescência nos dias atuais e no quão terrível é. O ponto que parece ter se perdido é que nenhuma jovem com autoestima e autovalor ficaria grávida, em primeiro lugar. Se você foi criado para acreditar que é um lixo, então as do-enças sexuais e gravidez são resultados lógicos.

Nossas crianças são nossos seres mais preciosos, e o modo com que muitas são tratadas é deplorável. Atualmente, o segmento de pessoas sem-teto que mais cresce nos Estados Unidos são mães com filhos. É vergonhoso que mães durmam nas ruas e empurrem seus pertences em carrinhos de compra. Crianças pequenas são nossos futuros líderes. Que tipo de valores essas crianças sem-teto terão? Como podem ter respeito pelos outros quando nos importamos tão pouco com elas?

A partir do momento em que temos idade suficiente para sentar em frente ao televisor, somos bombardeados com anúncios de vendas de produtos que geralmente são prejudiciais à nossa saúde e ao bem-estar. Por exemplo, em meia hora assistindo a programas infantis, vi anúncios de bebidas e cereais açucarados, bolos, biscoitos e muitos brinquedos. O açúcar intensifica as emoções negativas, e é por isso que as crianças pequenas guincham e gritam. Essas propagandas podem ser boas para os fabricantes, mas não para as crianças. Esses anúncios também contribuem para nosso senso de descontentamento e ganância. Crescemos pensando que a ganância é normal e natural.

Pais falam sobre os "terríveis dois primeiros anos" e em como é um período difícil. O que muitas pessoas não percebem é que esse é o momento em que a criança começa a se expressar com palavras as emoções que os pais estão reprimindo. O açúcar amplifica esses sentimentos reprimidos. O comportamento de crianças pequenas sempre reflete as emoções e os sentimentos dos adultos ao redor delas. É o mesmo com adolescentes e sua rebeldia. As emoções reprimidas dos pais se tornaram um fardo para a criança, e ela expressa visivelmente esses sentimentos por meio da rebeldia. Os parentes estão olhando para sua própria matéria-prima.

Permitimos que nossas crianças sentem-se por centenas de horas assistindo a violência e crime na TV. Então nos perguntamos por que temos tanta violência e crime em nossas escolas e entre nossos próprios jovens. Culpamos o criminoso e não assumimos nossa parcela de culpa de contribuição a essa situação. Não é surpresa que tenhamos armas nas escolas; vemos armas na televisão o tempo todo. O que as crianças veem, elas querem. A televisão nos ensina a querer coisas.

Muito do que vemos na televisão também nos ensina a desrespeitar as mulheres e os idosos. A televisão nos ensina muito pouco que seja positivo. E isso é uma vergonha muito grande, pois a televisão tem a oportunidade de contribuir para a melhoria da humanidade. A televisão ajudou a nos inserir na sociedade em que estamos vivendo agora – uma que geralmente é doente e disfuncional.

Foco na negatividade apenas resulta em mais negatividade. É por esse motivo que há tanto disso em nosso mundo atual. A mídia – televisão, rádio, jornais, filmes, revistas e livros – tudo para esse foco, em especial quando retrata violência, crime e abuso. Se a mídia focasse apenas nas coisas positivas, os crimes diminuiriam dramaticamente após um período. Se tivermos pensamentos positivos, nosso mundo se tornará positivo em tempo.

Nós PODEMOS fazer coisas para ajudar

Há maneiras nas quais nós podemos ajudar a curar nossa sociedade. Acredito que seja fundamental que impeçamos o abuso infantil por completo, de uma só vez. Crianças abusadas têm autoestima tão baixa que geralmente crescem para serem violentas e criminosas. E então, justificadamente, continuamos a punir e abusar delas quando adultas.

Podemos construir cadeias suficientes ou aprovar leis o bastante e tomar atitudes contra o crime, quando o foco está somente no crime e no criminoso. Acredito que nosso sistema prisional precisa de uma revisão total. O abuso nunca reabilita ninguém. Todos que estão na prisão precisam de terapia de grupo, tanto os guardas como os internos. Terapia faria bem aos diretores também. Quando todos no sistema prisional desenvolverem autoestima, a sociedade terá percorrido um longo caminho para se tornar sã.

Sim, concordo que existam alguns criminosos que estão além da reabilitação e devem permanecer confinados. Porém, na maioria dos casos, as pessoas cumprem pena durante um período e então são soltas de volta ao meio. Tudo o que eles de fato aprenderam na prisão é como serem melhores criminosos. Se pudéssemos curar a agonia e a dor de suas infâncias, não mais precisariam punir a sociedade.

Nenhum bebê do sexo masculino nasce violento. Nenhum bebê do sexo feminino nasce vítima. Isso é comportamento aprendido. O pior criminoso uma vez foi um pequenino bebê. Precisamos eliminar os padrões que contribuem com tal negatividade. Se ensinássemos todas as crianças que elas são seres humanos de valor, merecedoras de amor, se encorajássemos seus talentos e suas habilidades e as ensinássemos a pensar numa maneira que criassem experiências positivas, então, em uma geração, poderíamos transformar a sociedade. Essas crianças seriam nossos futuros pais e nossos novos líderes. Em duas gerações, estaríamos vivendo em um mundo em que há respeito e afeto entre todas as pessoas. Drogas e álcool são coisas do passado. As portas poderiam permanecer destrancadas. A alegria seria uma parte natural da vida de todos.

Essas mudanças positivas começam na consciência. Você pode contribuir para as mudanças mantendo esses conceitos em sua mente. Considere-as como sendo possíveis. Medite diariamente sobre transformar nossa sociedade de volta à grandeza que é nosso destino aqui na América. Você poderia afirmar o seguinte, com frequência:

VIVO EM UMA SOCIEDADE PACÍFICA.
TODAS AS CRIANÇAS ESTÃO SEGURAS E ALEGRES.
TODOS SÃO BEM ALIMENTADOS.
TODOS TÊM UM LUGAR PARA MORAR.
HÁ TRABALHO SIGNIFICATIVO PARA TODOS.
TODOS POSSUEM AUTOVALOR E AUTOESTIMA.

Compreendendo sua criança interior

O primeiro objetivo da alma, quando ela encarna, é brincar. A criança sofre quando está em um ambiente em que brincar não é permitido. Muitas delas foram educadas com a necessidade de questionar seus pais para tudo; elas não podiam tomar nenhuma decisão por conta própria. Outras foram criadas sob o peso da perfeição. Não lhes foi permitido aprender, então agora elas têm medo de tomar decisões. Todas essas experiências contribuem para que se tornem um adulto perturbado.

Não acredito que nosso atual sistema educacional ajude nossas crianças a serem indivíduos magníficos. É competitivo demais, e também espera que todas elas se conformem. Também acredito que todo o sistema de avaliação na escola faz as crianças crescerem sentindo que não são boas o suficiente. A infância não é fácil. Há muitas coisas que reprimem o espírito criativo e contribuem para sentimentos de desmerecimento.

Se você teve uma infância muito difícil, então hoje provavelmente ainda rejeita sua criança interior. Talvez sequer tenha consciência de que dentro de você está a criança infeliz que foi em outra ocasião, uma que ainda pode estar se atacando. Essa criança necessita de cura. Essa criança precisa do amor que lhe foi negado, e você é o único que pode dá-lo.

Um bom exercício para todos nós é conversar com nossa criança interior frequentemente. Eu gosto de levar minha criança interior para todos os lugares uma vez por semana. Quando desperto, digo: "Oi, Lulubelle. Este é nosso dia. Venha comigo. Vamos nos divertir muito". Então, tudo o que faço naquele dia, faço com Lulubelle. Converso com ela, em voz alta e silenciosamente, e explico tudo que estamos fazendo. Falo o quão bonita ela é, o quão esperta, o quanto a amo. Digo para ela todas as coisas que ela queria ouvir quando era uma criança. Ao fim do dia, sinto-me ótima e sei que minha criança interior está feliz.

Você poderia encontrar uma foto *sua* de quando era criança. Coloque-a em um lugar proeminente, talvez posicionando algumas flores próximas a ela. Sempre que passar pela foto, diga: "Eu te amo; Eu estou aqui para tomar conta de você". Você pode curar sua criança interior. Quando essa criança estiver feliz, então você também estará.

Você também pode escrever com sua criança interior. Pegue duas canetas de cores diferentes e um pedaço de papel. Com sua mão dominante, aquela que você sempre usa, escreva uma pergunta. Em seguida, com a outra caneta e sua mão não dominante, deixe sua criança interior escrever a resposta. É uma maneira incrível de se conectar com sua criança interior. Você obterá respostas que o surpreenderão.

Há um livro de John Pollard III, chamado *Self-Parenting*, que oferece uma abundância de exercícios sobre como entrar em contato com sua criança interior e como conversar com ela. Quando você estiver pronto para se curar, encontrará o caminho.

Todas as mensagens negativas que você recebeu quando criança podem se transformar em uma declaração positiva. Deixe sua conversa consigo mesmo ser uma corrente contínua de afirmações positivas para desenvolver a autoestima. Você plantará novas sementes que, se bem regadas, brotarão e crescerão.

Afirmações para desenvolver a autoestima

EU SOU AMADO E QUERIDO.
MEUS PAIS ME AMAM.
MEUS PAIS TÊM ORGULHO DE MIM.
MEUS PAIS ME ENCORAJAM.
EU ME AMO.
EU TENHO UMA MENTE ASTUTA.
SOU CRIATIVO E TALENTOSO.
ESTOU SEMPRE COM SAÚDE.
TENHO MUITOS AMIGOS.
SOU CATIVANTE.
AS PESSOAS GOSTAM DE MIM.
EU SEI COMO GANHAR DINHEIRO.
EU MEREÇO ECONOMIZAR DINHEIRO.
SOU GENTIL E CARIDOSO.
SOU UMA PESSOA EXTRAORDINÁRIA.
EU SEI CUIDAR DE MIM.
EU ADORO MINHA APARÊNCIA.
ESTOU FELIZ COM MEU CORPO.
EU SOU BOM O SUFICIENTE.
EU MEREÇO O MELHOR.
EU PERDOO TODOS QUE JÁ ME MAGOARAM.
EU ME PERDOO.
EU ME ACEITO COMO EU SOU.
TUDO ESTÁ BOM EM MEU MUNDO.

EU SOU PERFEITO EXATAMENTE COMO EU SOU

Não sou muito nem pouco. Eu não tenho de provar para ninguém ou nada quem sou eu. Sei que sou a expressão perfeita da Unidade de Vida. Na Infinidade de Vida, tive muitas identidades, cada uma delas uma expressão perfeita para aquela vida em particular. Estou contente por ser quem sou ou com o que eu sou desta vez. Sou perfeito como sou, aqui e agora. Eu sou suficiente. Eu sou um com toda a Vida. Não há necessidade de me esforçar para ser melhor. Eu me amo mais hoje do que ontem e trato a mim mesmo como alguém que é profundamente amado. Sou estimado por mim mesmo. Floresço com alegria e beleza. O amor é meu alimento que me leva à grandeza. Quanto mais me amo, mais amo os outros. Juntos, alimentamos amorosamente um mundo ainda mais belo. Com alegria, reconheço minha perfeição e a perfeição é a Vida. E assim seja!

Capítulo Dois

Mulheres Sábias

---

*"Eu afirmo meu poder feminino agora.
Se eu não tiver o sr. Certo em minha vida
atualmente, eu ainda posso ser a sra. Certa
para mim mesma."*

(Este capítulo é principalmente para as mulheres. Mas homens, por favor, lembrem-se de o quanto mais as mulheres o levarem consigo, melhor a vida será para *vocês*. Ideias que funcionam para mulheres também podem funcionar para homens. Apenas substitua "ele" por "ela"; as mulheres fazem isso há anos.)

Temos muito a fazer e a aprender

A VIDA VEM EM ONDAS, experiências de aprendizado e períodos de evolução. Durante muito tempo, as mulheres foram totalmente sujeitas aos caprichos e aos sistemas de crença dos homens. Era dito a nós o que fazer, quando poderíamos fazê-lo e como. Quando era uma menininha, lembro que fui ensinada a caminhar dois passos atrás de um homem e olhar para ele por baixo e dizer: "O que eu penso, e o que eu faço?". Não me foi dito para fazer isso literalmente, mas observava minha mãe e era isso o que ela fazia, então esse é o comportamento que aprendi. Sua instrução a ensinou a demonstrar total obediência aos homens, portanto, ela aceitou o abuso como algo normal, assim como eu. Esse é um exemplo perfeito de **como aprendemos nossos padrões**.

Levei muito tempo para perceber que tal comportamento não era normal e que isso era o que eu, como mulher, merecia. À medida que modifiquei meu próprio sistema interno de crenças, minha consciência, comecei a criar autovalor e autoestima. Ao mesmo tempo, meu mundo mudou, e não atraí mais homens que eram dominantes e abusivos. A autoestima e o autovalor interiores são as coisas mais importantes que as mulheres podem possuir. E se não tivermos essas qualidades, então precisamos desenvolvê-las. Quando nosso autovalor é forte, não aceitaremos posições de inferioridade e abuso. Apenas aceitamos esse comportamento porque acreditamos que não somos "nada boas" ou inúteis.

Não importa de onde venhamos, não importa o quão abusadas fomos quando crianças, podemos aprender a amar e estimar a nós mesmas hoje. Como mulheres e mães, podemos nos ensinar a desenvolver um senso de autovalor, e então automaticamente passaremos essa característica para nossos filhos. Nossas filhas não permitirão ser abusadas, e nossos filhos terão respeito por todos, inclusive por todas as mulheres de suas vidas. Nenhum bebê do sexo masculino nasceu violento, e nenhum bebê do sexo feminino nasceu vítima ou sem autovalor. Abusar dos outros e apresentar falta de autovalor é comportamento *aprendido*. Violência é ensinada a crianças, assim como a aceitar a vitimização. Se queremos que os adultos em nossa sociedade tratem uns aos outros com respeito, então devemos criar as crianças em nossa sociedade para serem gentis e para ter respeito a si mesmas. Apenas dessa maneira os dois gêneros honrarão um ao outro verdadeiramente.

Vamos unir nossas ações

Desenvolver as mulheres não significa diminuir os homens. Ataques masculinos são tão ruins quanto assédios femininos. Autoataque também é perda de tempo. Não queremos chegar nisso. Esse comportamento mantém a todos nós presos, e eu sinto que já ficamos presas o suficiente. Culpar a nós mesmas ou aos homens por todos os desgostos em nossas vidas não faz nada para melhorar a situação e apenas nos mantém impotentes. A culpa sempre é uma ação IMPOTENTE. A melhor coisa que podemos fazer para os homens em nosso mundo é parar de sermos vítimas e unir nossas ações. Todos respeitam alguém com autoestima. Queremos vir de um lugar afetuoso em nossos corações e considerar todos neste planeta como alguém que precisa de amor. Quando as mulheres unirem isso, moveremos montanhas e o mundo será um lugar melhor para se viver.

Como mencionei anteriormente, este capítulo é principalmente para as mulheres, mas os homens podem aprender muito com ele também, visto que as ferramentas que funcionam para as mulheres também funcionam para os homens. As mulheres precisam saber – REALMENTE SABER – que elas não são cidadãs de segunda classe. Isso é um mito perpetuado por certos segmentos da sociedade – e é absurdo. A alma não tem inferioridade; a alma sequer tem sexualidade. Sei que quando o Feminismo surgiu pela primeira vez as mulheres estavam tão furiosas com as injustiças que foram cobradas por terem culpado os homens por tudo. Isso era aceitável na época; contudo, essas mulheres precisam extravasar suas frustrações por um tempo – como uma terapia. Você vai ao terapeuta para trabalhar seu abuso na infância e PRECISA expressar todos esses sentimentos antes que você possa curá-los. Quando um grupo é reprimido durante muito tempo, ele se comporta de modo selvagem quando experimenta a liberdade pela primeira vez.

Considero a Rússia hoje um exemplo perfeito desse fenômeno. Você ao menos consegue imaginar viver sob aquelas circunstâncias de extrema repressão e terror durante tantos anos e com toda a fúria e raiva reprimidas que deve ter se desenvolvido dentro de cada pessoa? Então, de repente, o país torna-se "livre", mas nada é feito para curar o povo. O caos que agora continua na Rússia é normal e natural considerando-se as circunstâncias. Essas pessoas nunca foram ensinadas a cuidar umas das outras ou amar a si. Elas não têm modelos de paz. Sinto que todo o país precisa de terapia profunda para curar as cicatrizes.

No entanto, quando é dado às pessoas tempo para expressar seus sentimentos, o pêndulo da balança para em um ponto mais equilibrado. É isso o que está acontecendo com as mulheres na atualidade. É hora de se libertar da raiva e da culpa, da vitimização e da impotência. Agora é chegado o momento de as mulheres reconhecerem e reivindicarem seu próprio poder, de controlar suas ideias e começar a criar o mundo de igualdade que elas diziam querer.

Quando as mulheres aprendem a cuidar de si mesmas de maneira positiva, a ter respeito a si mesmas e autoestima, a vida de todos os seres humanos, inclusive os homens, terá dado um salto importante na direção correta. Haverá respeito e amor entre os sexos, e tanto homens como mulheres se honrarão. Todos terão aprendido que há muito para cada um e que podemos abençoar e favorecer uns aos outros. Todos nós podemos ser felizes e completos.

Temos os recursos para realizar a mudança

Durante muito tempo, as mulheres quiseram ter mais domínio sobre suas próprias vidas. Agora temos a oportunidade de ser tudo o que quisemos ser. Sim, ainda há muita injustiça na obtenção de poder e poder legal de homens e mulheres. Ainda decidimos o que podemos obter nos tribunais de Justiça.

As LEIS foram escritas por homens. Os tribunais falam a respeito do que um HOMEM RACIONAL faria, mesmo em casos de estupro.

Gostaria de incentivar as mulheres a começar uma campanha de base para reescrever as leis, de modo que sejam igualmente favoráveis tanto para os homens como para as mulheres. As mulheres têm força coletiva extraordinária quando ficam atrás de uma causa. Lembre-se, foram as mulheres que elegeram Bill Clinton, principalmente em resposta ao tratamento de Anita Hill. Precisamos ser lembradas de nosso poder, nossa força coletiva. O poder feminino combinado unido em uma causa comum é de fato poderoso. Setenta e cinco anos atrás as mulheres faziam campanha por seu direito de votar. Hoje podemos administrar um escritório.

Percorremos um longo caminho, e não queremos perder isso de vista. Além disso, estamos apenas começando esta nova fase de nossa evolução. Temos muito a fazer e a aprender. As mulheres agora têm um novo limite de liberdade – e precisamos de soluções criativas para todas elas, inclusive aquelas que vivem sozinhas.

As oportunidades são ilimitadas!

Cem anos atrás, uma mulher solteira podia ser apenas uma criada na casa de outra pessoa, geralmente de forma não remunerada. Ela não tinha *status*, quem dirá coisas, e tinha de viver a vida da maneira que lhe fora entregue. Nessa época – sim, é verdade –, uma mulher precisava de um homem para ter uma vida completa, às vezes somente para sobreviver. Mesmo cinquenta anos atrás as escolhas para uma mulher solteira eram diminutas e limitadas.

Atualmente, uma mulher norte-americana solteira tem todo mundo à sua frente. Ela pode progredir tanto quanto suas capacidades e sua crença em si mesma. Ela pode viajar, escolher seus empregos, ganhar um bom dinheiro, ter muitos amigos e desenvolver ótima autoestima. Ela pode até ter parceiros sexuais e relacionamentos amorosos se os quiser. Hoje em dia, uma mulher pode escolher ter um bebê sem um marido e ainda ser socialmente aceita, tanto quanto nossas atrizes e artistas conhecidos e figuras públicas estão fazendo. Ela pode criar seu próprio estilo de vida.

É triste que tantas mulheres continuem lamentando e chorando se não tiverem um homem a seu lado. Nós não precisamos nos sentir incompletas se não somos casadas ou não estamos em um relacionamento. Quando "procuramos" por amor, estamos afirmando que não o temos. Mas todas temos amor dentro de nós. Ninguém é capaz de sequer dar a nós o amor que conseguimos dar a nós mesmas. Uma vez que damos nosso amor para nós mesmas, ninguém consegue ao menos o tirar de nós. Temos de parar de "procurar pelo amor nos lugares errados". Ser viciado em encontrar um parceiro é tão insalubre quanto continuar em um relacionamento viciante ou disfuncional. Se somos viciadas em encontrar um parceiro, então esse vício apenas reflete nossos sentimentos de falta. É tão insalubre quanto qualquer outro vício. É uma outra maneira de dizer: "O que há de errado comigo?".

Há muito medo rodeando "ser viciado em encontrar um parceiro" e tantos sentimentos de "não ser boa o suficiente". Colocamos tanta pressão em nós mesmas para encontrar um companheiro que muitas mulheres se instalam em relacionamentos abusivos. Nós não temos de fazer isso conosco!

Não temos de gerar dor e sofrimento em nossas próprias vidas, nem precisamos sentir severamente solitárias e infelizes. Tudo isso são escolhas, e podemos fazer novas escolhas que sustentem e satisfaçam isso. Concordemos que fomos programadas para aceitar escolhas limitadas. Mas isso foi no passado. Queremos lembrar que o ponto de força está sempre no momento presente, e podemos começar agora mesmo a criar novos horizontes para nós mesmas. Encare seu tempo sozinha como um PRESENTE!

Há um provérbio chinês que diz: AS MULHERES SUSTENTAM METADE DO CÉU. É tempo de tornar isso verdade. Contudo, não aprenderemos a nos queixar ou ficar bravas ou nos fazer de vítimas, e sim mostrando nosso poder aos homens e ao sistema. Os homens não nos fazem vítimas – fazemos isso mostrando a eles nossa força. Os homens em nossas vidas são espelhos do que acreditamos em relação a nós mesmas. Então, geralmente olhamos para os outros para nos sentirmos amadas e ligadas quando tudo o que eles podem fazer é refletir nosso próprio relacionamento conosco. Então, realmente precisamos melhorar esse relacionamento mais importante, a fim de progredir. Gostaria de concentrar a maior parte do meu trabalho em ajudar as mulheres a aceitar e usar seu poder das maneiras mais positivas.

Amar a si é o tipo mais importante de amor

Todas nós precisamos estar muito certas de que O AMOR EM NOSSAS VIDAS COMEÇA CONOSCO. Frequentemente procuramos pelo "sr. Certo" para resolver todos os nossos problemas, na forma de nossos pais, namorados e maridos. Agora é o momento de ser a "sra. Certa" para nós mesmas. E como fazemos isso? Começamos observando honestamente nossas falhas – e não olhando para o que está errado conosco, mas enxergar as barreiras que edificamos e que nos impede de sermos tudo o que podemos ser. E sem autoataque podemos eliminar essas barreiras e fazer mudanças. Sim, muitas dessas barreiras são coisas que aprendemos na infância. Porém, se as aprendemos uma vez, então podemos desaprendê-las. Reconhecemos que estamos dispostas a aprender a nos amar. E, por esse motivo, desenvolvemos algumas diretrizes.

> **PARE COM TODA A CENSURA.** É uma ação inútil; ela nunca realiza nada positivo. Não se critique. Levante esse fardo agora mesmo. Não critique os outros também, pois os defeitos que geralmente encontramos nos outros são meras projeções de coisas que não gostamos em nós mesmas. Pensar negativamente a respeito de outra pessoa é uma das maiores causas de limitação em sua própria vida. Julgamos apenas a *nós* mesmos – não a Vida, a Deus, não ao Universo. Afirme: EU ME AMO E ME APROVO.

NÃO SE ASSUSTE. Todas nós queremos parar com isso. Com muita frequência nos aterrorizamos com nossos próprios pensamentos. Podemos apenas ter um pensamento de cada vez. Vamos aprender a pensar afirmações positivas. Dessa maneira, nosso pensamento mudará nossas vidas para melhor. Se você se vir assustando a si, afirme imediatamente: LIBERTO MINHA NECESSIDADE DE ME ASSUSTAR. SOU UMA EXPRESSÃO DIVINA E MAGNÍFICA DE VIDA, E ESTOU VIVENDO PLENAMENTE A PARTIR DESTE MOMENTO.

COMPROMETA-SE COM O RELACIONAMENTO QUE VOCÊ TEM CONSIGO MESMA. Você se compromete tanto com outros relacionamentos, mas esquece de se comprometer com você. Apenas lidamos com nós mesmas de vez em quando. Portanto, realmente cuide de quem você é. Comprometa-se em amar a si mesma. Cuide de seu coração e de sua alma. Afirme: EU SOU MINHA PESSOA PREFERIDA.

CUIDE-SE COMO SE VOCÊ FOSSE AMADA. Respeite e acalente a si mesma. Quando você se ama, estará mais aberta para amar a partir dos outros. A Lei do Amor exige que você concentre sua atenção no que *realmente* quer, e não no que você *não quer*. Concentre-se em AMAR você. Afirme: AMO A MIM TOTALMENTE NO AGORA.

TOME CONTA DE SEU CORPO. Seu corpo é um templo precioso. Se você viverá uma vida longa e realizada, então quer cuidar de si mesma agora. Você quer ter boa aparência e, principalmente, sentir-se bem. Nutrição e exercício são importantes. Você quer manter seu corpo flexível e movimentando-se com facilidade até seu último dia nesta Terra maravilhosa. Afirme: ESTOU SAUDÁVEL, FELIZ E PLENA.

EDUQUE-SE Reclamamos com tanta frequência que não sabemos isso ou aquilo, e que não sabemos o que fazer. Porém, você é vivaz e esperta, e consegue aprender. Há livros, cursos e cds em todos os lugares. Se dinheiro for uma preocupação, use então a biblioteca. Eu deveria aprender até meu último dia neste planeta. Afirme: ESTOU SEMPRE APRENDENDO E CRESCENDO.

ESTRUTURE UM FUTURO FINANCEIRO PARA SI MESMA. Todas as mulheres têm direito a ganhar dinheiro por conta própria. Essa é uma crença significativa para aceitarmos. É parte de nosso autovalor. Podemos sempre começar em um nível pequeno. O que importa é que continuemos a economizar. Afirmações são importantes para usar aqui, por exemplo: ESTOU CONSTANTEMENTE AUMENTANDO MINHA RENDA. EU PROSPERO AONDE QUER QUE EU VÁ.

PONHA SEU LADO CRIATIVO EM PRÁTICA. A criatividade pode ser qualquer coisa que a realize. Pode ser qualquer coisa, desde assar uma torta até desenhar um prédio. Dê a si mesma algum tempo para se expressar. Se você tem filhos e o tempo é curto, encontre uma amiga que a ajudará a cuidar deles e vice-versa. Vocês duas merecem ter tempo para si mesmas. Vocês merecem. Afirme: EU SEMPRE ENCONTRO TEMPO PARA SER CRIATIVA.

FAÇA DA ALEGRIA E DA FELICIDADE O CENTRO DE SEU MUNDO. Alegria e felicidade estão sempre dentro de você. Certifique-se de estar conectada a isso. Estruture sua vida em torno dessa alegria. Uma boa afirmação para utilizar diariamente é: ALEGRIA E FELICIDADE ESTÃO NO CENTRO DE MEU MUNDO.

DESENVOLVA UMA FORTE LIGAÇÃO ESPIRITUAL COM A VIDA. Essa ligação pode ou não ter algo a ver com a religião na qual foi criada. Quando criança, você não tinha escolha. Agora que é adulta, pode escolher suas próprias crenças espirituais. A solidão é um dos momentos especiais na vida de alguém. Seu relacionamento com seu eu interior é o mais importante. Dê a si momentos silenciosos de reflexão; conecte-se com seu guia interior. Afirme: MINHAS CRENÇAS ESPIRITUAIS ME SUSTENTAM E ME AJUDAM A SER TUDO O QUE EU POSSO SER.

Você deve copiar as diretrizes citadas anteriormente e lê-las uma vez por dia, durante um ou dois meses – até elas estarem firmes em sua consciência e fazerem parte de sua vida.

Há muitos tipos de amor

Muitas mulheres nunca terão filhos nesta vida. Não adquira a crença de que uma mulher é irrealizada sem um filho. Eu sempre acredito que há um motivo para tudo. Talvez você esteja destinada a fazer outras coisas na vida. Se você almeja filhos há muito tempo e sente intensamente que isso é uma perda, então não sofra com isso. E, então, siga adiante. Progrida em sua vida. Não permaneça no processo de sofrimento para sempre. Afirme: EU SEI QUE TUDO O QUE ACONTECE EM MINHA VIDA É PERFEITO. ESTOU PROFUNDAMENTE REALIZADA.

Minha crença pessoal é de manter distância de tratamentos de fertilidade. Se seu corpo é destinado a ter um filho, ele terá. Se seu corpo não engravida, então há uma boa razão. Aceite-a. Então, prossiga em sua vida. Tratamentos de fertilidade são caros, experimentais e arriscados. Agora estamos começando a ler sobre alguns dos horrores associados a eles. Uma mulher que passou por quarenta tratamentos, a custo alto, não engravidou, mas contraiu *aids*. Um dos muitos doadores que ela utilizou tinha a do-ença.

Não permita que médicos façam experiências com seu corpo. Quando utilizamos métodos atípicos para forçar o corpo a fazer algo que em sua sabedoria ele não quer fazer, estamos pedindo para ter problemas. Não brinque com a Mãe Natureza. Observe todos os problemas que muitas mulheres estão enfrentando por causa de implantes mamários. Se seus seios são pequenos, contente-se com eles. Seu corpo é exatamente o que você escolheu ter quando decidiu encarnar desta vez. Fique feliz com o que você é.

Eu sei que tive muitos filhos em muitas existências. Nesta existência eu não os tenho. Aceito isso como perfeito para mim neste momento. Há tantas crianças abandonadas neste mundo; se realmente quisermos satisfazer o instinto maternal, a adoção, então, é uma boa alternativa. Também podemos criar outras mulheres. Coloque uma mulher sob sua asa e a ajude a voar. Resgate animais abandonados, abusados e sem lar.

Há também tantas mães solteiras batalhando para criar filhos sozinhas. É uma tarefa muito difícil, e eu aplaudo cada uma que passa por essa experiência. Essas mulheres realmente sabem o que significa estar *cansada*.

Mas lembre-se, não temos de ser "supermulheres" e não temos de ser "pais perfeitos". Se você deseja aprender algumas habilidades, leia alguns ótimos livros que são lançados sobre o tema da paternidade. Se você é um pai amoroso, seus filhos têm uma chance excelente de crescerem para ser o tipo de pessoa que você gostaria de ter como amigos. Eles serão indivíduos autorrealizados e bem-sucedidos. Autorrealização leva à Paz Interior. Acredito que a melhor coisa que podemos fazer por nossos filhos é aprender a amar a nós mesmos, pois as crianças sempre aprendem com o exemplo. Você terá uma vida melhor, e eles terão uma vida melhor. (Um livro maravilhoso para pais é *What Do you Really Want for Your Children?*, do dr. Wayne W. Dyer.)

Também há um lado positivo em ser pai solteiro. As mulheres agora têm a oportunidade de criar seus filhos para serem os homens que elas dizem querer. As mulheres reclamam muito do comportamento e das atitudes dos homens e, mesmo assim, criam seus filhos. Culpar é um desperdício de energia tremendo. É outra ação inútil. Se quisermos em nossas vidas homens que sejam gentis e amorosos, e que revelem seus lados sensível e feminino, então depende de nós educá-los dessa maneira.

Se você é mãe solteira, acima de tudo não critique seu ex-marido negativamente. Isso apenas ensina seus filhos que casamento é uma guerra. Uma mãe tem mais influência sobre o filho mais do que outra pessoa. União maternal! Quando as mulheres se unem, podemos ter o tipo de homem que afirmamos querer em UMA geração!

Vamos fazer algumas perguntas a você. Ao responder com honestidade, suas respostas podem lhe dar um novo direcionamento na vida:

- Como posso aproveitar este momento da minha vida para ser o melhor possível?
- Quais são as coisas que quero em um homem?
- Quais são as coisas que eu acredito precisar obter de um homem?
- O que posso fazer para preencher essas áreas? (Não espere que um homem seja TUDO para você. Esse é um fardo terrível para ele.)
- O que me realizaria? E como posso proporcionar isso a mim mesma?
- Qual é minha desculpa quando não tenho ninguém para me decepcionar?
- Se nunca mais tivesse um homem em minha vida, eu me destruiria em relação a essa carência? (Ou eu criaria uma vida maravilhosa e me tornaria um farol iluminado para outras mulheres? É isso, uma *profetisa!*)
- O que posso dar à Vida? Qual é o meu objetivo? O que eu vim para aprender? E o que eu vim para ensinar?
- Como posso cooperar com a Vida?

Lembre-se: a mínima mudança positiva em sua maneira de pensar pode esclarecer o maior dos problemas. Quando você faz as perguntas certas para a Vida, a Vida responderá.

Encontre seus recursos interiores

A simples pergunta: Como posso me realizar sem um homem? Pode ser um conceito assustador para muitas mulheres, e precisamos admitir nossos medos e superá-los. A dra. Susan Jeffers escreveu um livro sobre esse assunto, *Tenha medo... E siga em frente.* Eu também recomendo muito seu livro *Opening Our Hearts to Men.*

Women Alone: Creating a Joyous and Fulfilling Life é um livro de Ione Jenson e Julie Keene, que explora cada vez mais as crescentes opções de mulheres que vivem sozinhas. Quase todas as mulheres vivem sozinhas em algum ponto de suas vidas – seja como uma pessoa jovem e solteira, uma mulher divorciada, uma viúva. Uma pergunta que todas as noivas devem fazer a si mesmas antes de ter filhos é: "Estou disposta a criar meus filhos sozinha?". Da mesma forma, todas as mulheres casadas devem se perguntar: "Estou preparada para viver sozinha?".

Como as autoras do livro *Women Alone* afirmam: "O tempo veio para mudar nossas percepções e para olhar ao estado de 'estar sem um parceiro comprometido' dentro de um contexto mais amplo. Como mulheres sozinhas, talvez estejamos sendo obrigadas a nos tornar as próximas pioneiras de um propósito evolucionário maior, e está sendo pedido que nós desempenhemos um papel na permissão de que um novo modelo surja para a vida em nosso planeta".

Sinto que todas as mulheres são pioneiras atualmente. As primeiras pioneiras iluminaram caminhos. Elas correram riscos. Elas lidaram com a solidão e o medo. Tiveram vidas de pobreza e privação. Tiveram de ajudar a construir seus próprios abrigos e colher seu próprio alimento. Mesmo casadas, seus homens geralmente ficavam fora de casa durante longos períodos. As mulheres tiveram de prover a si e aos filhos. Tinham de encontrar seus próprios recursos. Estabeleceram suas bases para solidificar este país. As pioneiras atuais são como você e eu. Temos oportunidades incríveis para as realizarmos e igualar os sexos. Queremos florescer onde estamos plantadas!

Do ponto de vista do nível de maturidade emocional, as mulheres estão em seu ponto máximo na evolução nesta existência. Elas agora são melhores. Então é tempo de dar forma a nosso próprio destino. Há muitas possibilidades na vida além do que podemos pensar ou vivenciar no presente. Temos oportunidades nunca disponibilizadas para mulheres antes. É o momento de se unir a *outras* mulheres para melhorar nossa vida. Isso, em contrapartida, melhorará a vida para os homens. Quando as mulheres estão realizadas, satisfeitas e felizes, elas serão parceiras esplêndidas, pessoas maravilhosas com quem viver e trabalhar. E os homens se sentirão infinitamente mais confortáveis com igualdade. Queremos abençoar e prosperar uns aos outros.

Precisamos criar algo chamado *Guia de todas as mulheres para a vida bem-sucedida.* Não será apenas um manual de sobrevivência para a mulher, mas também criará um novo paradigma para elas. Queremos incentivar todas as mulheres a serem o melhor que puderem. Se desencorajarmos outra pessoa, esse desencorajamento voltará para nós de alguma forma. Quando damos encorajamento a outros, a Vida nos encorajará de maneiras muito especiais. A Vida é muito clemente. A Vida simplesmente nos pede que sejamos clementes conosco e com nossos vizinhos.

A opção de encontrar o "homem certo" é APENAS UMA alternativa em uma extensa lista de possibilidades. Se você é solteira, não PARE sua vida até encontrar um homem. Prossiga em sua vida. Se não fazê-lo, você pode omitir a vida – sua vida *inteira*.

Não há dúvidas de que os homens são criaturas magníficas – EU AMO OS HOMENS! Mas as mulheres que se esforçam para ser iguais a eles são carentes de ambição e originalidade. Não queremos ser COMO outras pessoas; queremos ser nós mesmas.

Como a juíza Lois Forer afirma em seu maravilhoso livro *What Every Woman Needs to Know Before (and After) She Gets Involved with Men and Money,* "O OBJETIVO DAS MULHERES não é imitar os homens, mas ser seres humanos completos e realizados, seres humanos do sexo FEMININO, pessoas que apreciam todos os direitos, privilégios e direitos de posse de TODOS os cidadãos deste país, e também os prazeres especiais de ser mulher".

Queremos encontrar nossos Recursos Internos e nossa Ligação Universal. Queremos descobrir e usar nosso Núcleo Interior. Todas nós temos um tesouro de sabedoria, paz, amor e alegria dentro de nós. E esses tesouros estão a apenas uma respiração. Somos destinadas a explorar novas profundezas dentro de nós. E para fazer novas escolhas, nós, como mulheres, fomos programadas a aceitar escolhas limitadas. Mulheres casadas são extremamente solitárias porque sentem que perderam suas escolhas. Elas entregaram seu poder. Fazem o que eu fazia – olham para um homem e dizem: "O que eu penso e faço?" Para ter mudanças em nossas vidas, lembre-se de que primeiro precisamos fazer essas novas escolhas em nossas mentes. Nós mudamos nossa própria forma de pensar, e então o mundo exterior responderá de maneira diferente para nós.

Conecte-se com os tesouros interiores

Então, estou pedindo para você ir a fundo e mudar sua maneira de pensar. Conecte-se com os tesouros dentro de você e os utilize. Quando nos conectamos com os tesouros interiores, proporcionaremos à vida a magnificência de nosso ser. Conecte-se com seus tesouros TODOS OS DIAS.

Trate a si como se fosse especial, como se fosse um amigo querido. Marque um encontro com você mesma uma vez por semana e continue a fazê-lo. Vá ao restaurante, cinema ou museu, ou pratique um esporte que aprecie. Vista-se para esse evento. Coma em seus melhores pratos. Vista sua *lingerie* preferida. Não guarde as coisas boas para quando tiver uma companhia. Seja sua *própria* companhia. Permita-se fazer tratamentos faciais e massagens; mime-se. Se você não tiver muito dinheiro, troque tratamentos faciais e massagens com uma amiga.

Seja grata pela vida. Tenha atitudes aleatórias de bondade. Pague taxas para outros. Em um banheiro público, apanhe toalhas de papel, limpe-se, jogue os papéis em cestos de lixo, deixe-o agradável para a próxima pessoa. Apanhe o lixo na praia ou em um parque. Dê uma flor a um estranho. Converse com um sem-teto. Faça uma meditação curativa para um membro de gangue. Diga a alguém o quanto você o estima. Leia para um idoso solitário. Atitudes de bondade fazem com que nos sintamos bem.

Nós nascemos sozinhas e morremos sozinhas. Escolhemos como preencher os espaços entre isso. Não há limite para nossa criatividade. Queremos encontrar alegria em nossas capacidades. Muitas de nós foram criadas para acreditar que não podemos cuidar de nós mesmas. É ÓTIMO saber que podemos. Diga para si: NÃO IMPORTA O QUE ACONTEÇA, EU SEI QUE CONSIGO LIDAR COM ISSO.

Queremos criar um rico espaço interior. Deixe que seus pensamentos sejam seus melhores amigos. A maioria das pessoas tem os mesmos pensamentos muitas e muitas vezes. Temos, em média, sessenta mil pensamentos por dia, e a maioria deles são os mesmos que tivemos no dia anterior e no dia anterior a esse. Nossos padrões de pensamento podem se tornar rotinas de negatividade. Tenha novos pensamentos todos os dias. Tenha pensamentos criativos. Pense em novas maneiras de fazer coisas velhas. Tenha uma forte filosofia de Vida – uma que a apoie de todas as maneiras. Aqui está a minha:

1. ESTOU SEMPRE SEGURA E DIVINAMENTE PROTEGIDA.
2. TUDO O QUE PRECISO SABER É REVELADO A MIM.
3. TUDO O QUE PRECISO VEM A MIM NA SEQUÊNCIA PERFEITA DE TEMPO/ESPAÇO.

4. A VIDA É ALEGRIA E REPLETA DE AMOR.
5. SOU AMÁVEL E AMADA.
6. ESTOU VIBRANTEMENTE SAUDÁVEL.
7. EU PROSPERO AONDE QUER QUE EU VÁ.
8. ESTOU DISPOSTA A MUDAR E EVOLUIR.
9. TUDO ESTÁ BOM EM MEU MUNDO.

Repita essas sentenças frequentemente. Eu as direi repetidamente sempre que algo der errado em minha área. Por exemplo, se eu me sinto indisposta, repito: ESTOU VIBRANTEMENTE SAUDÁVEL, até me sentir melhor. Se eu caminho em uma região escura, afirmarei repetidamente: ESTOU SEMPRE SEGURA E DIVINAMENTE PROTEGIDA. Essas crenças são grande parte de mim, que recorro a elas em um instante. Faça uma lista que reflita sua própria filosofia de vida atual. Você sempre poderá mudá-la ou acrescentar algo. Crie suas leis pessoais agora. Crie um universo seguro para você mesma. O único poder que pode atingir seu corpo ou seu ambiente é seus próprios pensamentos e suas crenças. Esses pensamentos e crenças são mutáveis.

Você está com o parceiro perfeito agora – você mesma! Antes de vir a este planeta nesta ocasião, você escolheu ser o que é nesta existência. Agora você tem de passar toda a sua vida consigo. Alegre-se com esse relacionamento. Seja agradável consigo mesma. Ame o corpo que escolheu; ele estará com você durante toda a sua vida. Se há coisas em sua personalidade que gostaria de mudar, mude-as. Faça-a com amor e risadas, muitas risadas.

Tudo isso faz parte da evolução de nossa mente. Acredito que este seja o momento mais emocionante para estar vivo. Agradeço a Deus todas as manhãs quando acordo, pelo privilégio de estar aqui e vivenciar tudo isso. Acredito que meu futuro será BOM.

AFIRMAÇÕES PARA AS MULHERES

(Escolha afirmações que a autorizam como mulher. Todos os dias, afirme pelo menos uma delas:)

ESTOU DESCOBRINDO O QUANTO SOU MARAVILHOSA.

VEJO DENTRO DE MIM UM SER MAGNÍFICO.

SOU SÁBIA E BELA.

AMO O QUE VEJO EM MIM.

ESCOLHO AMAR E GOSTAR DE MIM.

SOU MINHA PRÓPRIA MULHER.

ESTOU NO COMANDO DE MINHA VIDA.

EU EXPANDO MINHAS CAPACIDADES.

SOU LIVRE PARA SER TUDO O QUE POSSO SER.

TENHO UMA VIDA EXCELENTE.

MINHA VIDA É REPLETA DE AMOR.

O AMOR EM MINHA VIDA COMEÇA COMIGO.

EU TENHO DOMÍNIO SOBRE MINHA VIDA.

SOU UMA MULHER PODEROSA.

SOU DIGNA DE AMOR E RESPEITO.

NÃO ESTOU SUJEITA A NINGUÉM; EU SOU LIVRE.

ESTOU DISPOSTA A APRENDER NOVAS MANEIRAS DE VIVER.

EU ME LEVANTO COM MEUS DOIS PÉS.

EU ACEITO E UTILIZO MEU PRÓPRIO PODER.

ESTOU EM PAZ POR SER SOLTEIRA.

ALEGRO-ME POR ESTAR ONDE ESTOU.

EU ME AMO E ME RECONHEÇO.

EU AMO, APOIO E GOSTO DAS MULHERES EM MINHA VIDA.

ESTOU PROFUNDAMENTE SATISFEITA COM MINHA VIDA.

EU EXPLORO TODAS AS MUITAS AVENIDAS DO AMOR.

AMO SER MULHER.

AMO ESTAR VIVA NESTE MOMENTO E ESPAÇO.

EU ENCHO MINHA VIDA DE AMOR.

EU ACEITO MEU PRESENTE DESTE PERÍODO SOZINHA.

SINTO-ME INTEIRAMENTE COMPLETA E PLENA.

ESTOU EM SEGURANÇA E TUDO ESTÁ BOM EM MINHA VIDA.

EU SOU UMA MULHER PODEROSA, INFINITAMENTE MERECEDORA DE AMOR E RESPEITO.

AGORA ESTOU DISPOSTA A VER MINHA GRANDEZA

Agora escolho eliminar de minha mente e vida todas as ideias e pensamentos negativos, destrutivos e temíveis que me impedem de ser a mulher esplêndida que estou destinada a ser. Agora me levanto com meus dois pés, sustento-me e penso em mim. Dou o que preciso para mim mesma. É seguro para eu evoluir. Quanto mais realizo minha vida, mais as pessoas gostam de mim. Eu me uno às filas de mulheres que curam outras mulheres. Estou abençoando o planeta. Meu futuro é brilhante e belo. E assim seja!

Capítulo Três

Corpo Saudável, Planeta Saudável

"Cuido do templo que é meu corpo, abastecendo-o com alimentos nutritivos e dando a ele muito exercício. Amo cada parte de meu corpo. Meu corpo sempre soube se curar."

Um jardim de cura

Realmente, sinto-me agora uma com toda a minha vida. Estou em sintonia com as estações, com o clima, com o solo, com a vegetação e cada uma das criaturas que habitam solo e oceanos, e que voam no ar. Eu não posso estar de outra maneira. Todos nós usamos o mesmo ar, solo e água. Somos totalmente interdependentes em relação aos outros.

Quando trabalho em meu jardim, enriquecendo amorosamente o solo, plantando, colhendo e reciclando, sinto essa união, essa unidade. Posso remover uma pequena parte de solo duro e improdutivo, geralmente repleto de ervas daninhas, e lentamente transformá-lo em uma rica argila que sustentará a vida e todas as suas muitas formas. É como retirar uma parte de sua mente que está cheia de pensamentos e padrões destrutivos e nutri-la de modo que possa criar e sustentar experiências saudáveis e enriquecedoras. Pensamentos positivos e agradáveis geram bem-estar. Pensamentos negativos, temerosos e odiosos contribuem com a do-ença.

Nós podemos curar nossas mentes. Podemos curar nossas almas. Podemos curar nosso solo. Podemos ajudar a criar um planeta saudável em que todos possam prosperar e viver com alegria e tranquilidade. Mas até amarmos a nós mesmos não conseguiremos alcançar essa cura. Pessoas que não respeitam a si mesmas dificilmente respeitam o ambiente ou sequer sentem necessidade de cuidar disso. Até amarmos e entrarmos em sintonia com a Natureza não conseguiremos mudar nossa terra para jardins férteis. Quando você vê a minhoca em seu jardim, então saberá que criou um ambiente que sustenta a vida.

A terra é realmente nossa mãe; precisamos dela para sobreviver. A terra não precisa de humanidade para prosperar. Muito antes de virmos para este planeta, a Mãe Terra estava indo bem. Se não tivermos um relacionamento agradável com ela, seremos casos perdidos. É tempo de mudarmos a força de destruição que foi criada.

Nos últimos dois séculos da chamada civilização evoluída, causamos mais destruição neste planeta do que nos 2 mil anos anteriores. Em menos de 200 anos, mais danos foram feitos a este planeta do que nos 200 mil anos anteriores. Isso não reflete muito a administração à qual fomos confiados.

Você não pode cortar uma árvore e esperar que haja uma continuação do mesmo nível de suprimento de oxigênio que havia antes. Você não pode despejar produtos químicos nos rios, lagos e córregos e esperar beber aquela água sem que ela afete o corpo físico. Nós e nossas crianças agora bebemos dessa água impura. Você não pode continuar a lançar produtos tóxicos e químicos na atmosfera e esperar que o ar se limpe sozinho. A Mãe Terra está fazendo o melhor que pode para combater essas práticas destrutivas da humanidade.

Todos nós precisamos desenvolver uma relação íntima com a terra. Converse com ela. Pergunte à Mãe Terra: "Como posso cooperar com você? Como posso receber suas bênçãos e, em troca, abençoá-la?". Queremos amar essa pequena bola que está se movimentando no espaço. É tudo o que temos neste momento. Se não cuidarmos dela, quem o fará? Onde viveremos? Não temos o direito de ir para o espaço quando sequer conseguimos cuidar de nosso próprio planeta.

Nossa consciência em relação à terra existe em uma relação diferente de tempo. Ela não se importa se a humanidade está aqui ou não. A terra é uma ótima professora para aqueles que a ouvem pacientemente. A vida não terminará aqui, não importa o que a humanidade faça. A terra continuará. Apenas a humanidade voltará à insignificância de onde veio, a menos que mudemos nossos modos. Todos no mundo, não importa onde viva, ou como viva, têm um relacionamento íntimo com a terra. Certifique-se de que o seu seja agradável e incentivador.

Minha filosofia em relação aos alimentos

Da colheita vem o alimento que preparamos para nutrir nossos corpos. Simplesmente cozinhados com alguns ingredientes, temos comida para um corpo humano saudável. Parece que nós, norte-americanos, perdemos contato com a alimentação saudável para a conveniência do *fast-food*. Somos a nação mais acima do peso e doente do mundo ocidental. Comemos em excesso comidas gordurosas e processadas que são repletas de aditivos químicos. Apoiamos os fabricantes de alimentos à custa de nossa própria saúde. Os cinco itens de maior venda nos supermercados são: Coca-Cola, Pepsi-Cola, Sopa Campbell, queijo processado e cerveja. Esses itens contêm grandes quantidades de açúcar e/ou sal. Nenhum deles contribui para a boa saúde.

As indústrias de carne e laticínios – sem mencionar a indústria do tabaco – venderam a nós uma lista de produtos, insistindo que quantidades excessivas de leite e carne são boas para nós. No entanto, é exatamente essas quantidades massivas de laticínios e carne que contribuem para as incidências esmagadoras de câncer de mama (e outros cânceres) e do-enças cardíacas neste país. O uso e abuso monstruoso de antibióticos estão permitindo que do-enças novas, antes desconhecidas, entrem em nossas vidas. Os antibióticos matam a vida! A comunidade médica admite que não há maneira de lidar com essas novas do-enças, então se voltam às ricas companhias farmacêuticas para torturar animais com os testes de seus produtos, a fim de criar novas drogas que apenas contribuirão para o colapso de nossos sistemas imunológicos.

Hormônios geneticamente criados invadem nossos fornecimentos de leite, e agora se tornou perigoso para nossa saúde ingerir muitos outros produtos também – iogurte, manteiga, queijo, sorvete, requeijão, sopas e todo o restante que é feito com leite, incluindo nossas amadas panquecas. Esses hormônios também se originam das companhias farmacêuticas. Como um ser humano preocupado, você precisa saber se o leite que compra contém hormônios geneticamente criados. Pergunte a seu revendedor e exija uma resposta.

Descubra se o sorvete que você dá a seus filhos os está envenenando lentamente. O sorvete costumava ser feito apenas com leite integral, ovos e açúcar. Atualmente, os fabricantes não são obrigados a colocar os muitos ingredientes sintéticos no rótulo.

Minha filosofia básica em relação aos alimentos é: Se ele crescer, coma-o; se ele não crescer, não o coma. Frutas, legumes, castanhas e cereais crescem. Bolinhos e Coca-Cola não crescem. Coisas que crescem nutrem seu corpo. Alimentos produzidos pelo homem e processados não podem manter a vida. Não importa o quão bonita ou atraente a foto da embalagem seja, não há vida dentro desse pacote!

Nas células de seu corpo estão vidas e, como tal, precisam de alimento vivo para se desenvolver e reproduzir. A vida já nos proporcionou tudo de que precisamos para nos alimentar e nos manter saudáveis. Quanto mais simplesmente pudermos comer, mais saudáveis seremos.

Nós somos o que pensamos e o que comemos. Sabendo que não importa o que distribuamos, sempre recebemos de volta, sempre me pergunto sobre o carma dos fabricantes que conscientemente produzem alimentos que prejudicam o corpo, ou os de cigarro que colocam aditivos em seus produtos para fazê-los ficar mais viciantes.

Precisamos prestar atenção ao que colocamos dentro de nosso corpo! Pois se não o fizermos, quem o fará? Evitamos do-enças por meio de uma vida consciente. Algumas pessoas consideram seu corpo como uma máquina a ser abusada e então levada à oficina para ser consertada!

Meu caminho de cura

Fui diagnosticada com câncer em meados dos anos 1970. Foi nesse período em que tomei conhecimento de todos os pensamentos negativos que boiavam em minha consciência. Infelizmente, também havia uma grande quantidade de comida prejudicial alojada em meu corpo.

A fim de me curar, soube que era fundamental eliminar tanto as crenças negativas que estavam contribuindo para minha condição física insalubre, assim como os modos não aprobativos com que estava alimentando meu corpo sem ter conhecimento.

Meu primeiro passo foi tomar um caminho holístico e metafísico à cura. Eu pedi ao médico mais seis meses antes que fizesse a cirurgia, com a desculpa de que demoraria esse tempo para economizar dinheiro para o procedimento. Então descobri um maravilhoso médico naturopata que me ensinou muito sobre saúde holística.

Ele me colocou em uma dieta predominantemente de alimentos crus, durante seis meses, e eu fiquei assustada demais com meu diagnóstico de câncer para seguir essa dieta à risca. Comi enormes quantidades de brotos e purê de aspargos e fiz reflexologia no cólon e no pé, e realizei em mim lavagens intestinais com café. Além disso, caminhei muito, rezei e me envolvi com terapia intensiva para me libertar de velhos padrões de ressentimentos de minha infância. O mais importante é que pratiquei o perdão e aprendi a me valorizar. Por meio da terapia aprendi a enxergar a verdade sobre as infâncias de meus pais e, assim que comecei a compreender suas experiências, fui capaz de iniciar o processo de perdão.

Não posso afirmar que alguma coisa originou a cura, mas dentro de seis meses consegui ir ao médico para concordar com o que já sabia: EU JÁ NÃO TINHA MAIS QUALQUER TRAÇO DE CÂNCER!

Combustível saudável para o corpo

Desde aquele período em minha vida, tenho explorado muitos sistemas holísticos diferentes e descobri que alguns deles foram mais úteis a meu estilo de vida pessoal do que outros. Aprendi que amava comida macrobiótica, mas cozinhar nesse estilo consumia muito de meu tempo. Também ganhei apreço pelo programa de comida crua da nutricionista Ann Wigmore e outras, os quais descobri serem muito purificantes e deliciosos. Meu corpo ama quantidades de comida crua no verão, mas posso apenas comer uma quantia limitada no inverno, pois meu corpo tende a esfriar muito.

O método de combinação de alimentos divulgado no livro de Harvey e Marilyn Diamond, *Fit for Life*, é uma alternativa saudável. Os autores recomendam a ingestão apenas de frutas pela manhã e evitar a ingestão de amidos e proteínas na mesma refeição – ou seja, comer proteínas com legumes e amidos com legumes. Cada grupo de alimento necessita de uma enzima diferente para completar a digestão. Quando amidos e proteínas são ingeridos juntos, as diferentes enzimas digestivas anulam uma a outra, e a digestão ocorre parcialmente. Não apenas a combinação de alimentos melhorará sua digestão, como também os ajudarão a perder peso!

Explorar muitos tipos diferentes de sistemas – não importa qual funcione melhor para você – permite que você formule uma dieta combinada melhor para seu corpo.

Para mim, os resultados de minha nova perspectiva em relação aos alimentos ocorrem aparentemente em todo o meu ser. Quando comecei a aprender sobre nutrição, tive conhecimento da ingestão de comida saudável. Exatamente o mesmo ocorreu quando obtive uma percepção sobre as leis da Vida e comecei a ter pensamentos mais saudáveis. Atualmente, com cerca de 70 anos de idade, tenho mais energia do que há 30 anos. Posso trabalhar em meu jardim o dia todo e levantar sacos de 20 quilos de compostos orgânicos. Descobri que se minha respiração ficar ofegante, posso soltá-los rapidamente. Se eu abusar em uma festa, no dia seguinte sei quais alimentos comer para trazer minha energia de volta. Aos poucos me direciono para uma vida mais saudável e mais feliz!

Colocando sua dieta em ordem

O corpo se desequilibra quando é alimentado com alimentos processados e aditivos em excesso. Farinha de trigo e açúcar contribuem para do-enças, assim como a proliferação na produção e o consumo excessivo de carnes e laticínios sobrecarregam o corpo com toxinas. No nível físico, a artrite é uma do-ença da toxicidade; o corpo fica sobrecarregado com tanta acidez. Uma dieta rica em grãos, legumes e frutas frescas é um bom passo na estrada rumo ao bem-estar.

Além disso, você realmente precisa prestar atenção ao que come e como se sente após comer. Por exemplo, se você almoçar e uma hora depois quer dormir, então é obvio que algo que você comeu não está de acordo com você. Comece a manter um registro de quais alimentos lhes fornecem muita energia e coma grandes quantidades deles. Mantenha o controle dos alimentos que o derrubam e os eliminem de sua dieta.

Se você descobrir que tem muitas alergias, meu primeiro comentário (no nível metafísico) seria: "A quem você é alérgico?" No nível físico, você pode querer procurar um bom nutricionista. Se você não souber onde encontrá-lo, sugiro que vá a uma loja de alimentos naturais em sua cidade. Peça uma recomendação aos funcionários de lá. Eles sempre conhecem os profissionais da saúde que cuidam do seu bem-estar. O que busco quando visito um novo nutricionista é alguém que me forneça uma dieta feita sob medida para minhas necessidades pessoais, e não alguém que distribui uma dieta-padrão para todos.

Eu descobri que o leite de vaca, que é tão prejudicial ao corpo, pode ser substituído por leite de soja, que cada vez mais supermercados estão começando a fornecer. Visto que meu corpo não se dá tão bem com produtos de soja, substituí por um leite de arroz chamado Rice Dream. A versão natural é ótima para beber e para todos os tipos de culinárias, e os sabores baunilha e alfarroba são deliciosos em sobremesas. Eu geralmente uso o sabor baunilha com cereais no café da manhã (e às vezes até utilizo suco de maçã dessa forma também).

Descobri que o jejum também é uma excelente técnica de purificação. Um ou dois dias ingerindo sucos de fruta ou legumes, ou caldo de potássio, podem fazer maravilhas a seu corpo, mas acredito que jejuns mais longos são aconselháveis APENAS COM A SUPERVISÃO DE UM PROFISSIONAL TREINADO COM EXPERIÊNCIA EM JEJUNS.

Se você decidir fazer um jejum de suco (ou se quiser apenas fazer deliciosos sucos de fruta a qualquer momento), é ótimo ter seu próprio *juicer*. Particularmente gosto do Champion Juicer. É grande e pesado, e durará muito tempo. Também é o único *juicer* do qual tenho conhecimento que consegue fazer purê de frutas congeladas que tem o sabor semelhante ao sorvete ou *sherbet*. Também é fácil de limpar. O truque para limpar *juicers* é fazê-lo imediatamente após o uso. Enxague o *juicer* inteiro ANTES de beber seu suco. Se você deixá-lo repousar, os furinhos então ficarão cheios e obstruídos, e é muito difícil limpar. Também há centrífugas de suco, que funcionam bem com pequenas porções de frutas e legumes. No entanto, são mais difíceis de limpar e se sobrecarregam se você fizer muito suco.

Sempre que posso passo um dia da semana repousando na cama, lendo ou escrevendo no computador. Permaneço na cama e faço uma dieta leve, às vezes apenas líquida. No dia seguinte, sinto-me uma nova pessoa, com muito mais energia. Esse é um ato de amor a mim mesma.

Sim, como pequenas quantidades de carne esporadicamente. Embora coma muitos legumes, não sou vegetariana por completo. Meu organismo exige carne uma ou duas vezes por semana, mas tento ser fiel a cordeiro neozelandês ou algum bife raro e livre de hormônios ou vitela de animais criados ao ar livre, e ocasionalmente frango ou peixe.

Também reduzi lentamente o açúcar de meus alimentos durante um período e agora raramente o utilizo. Quando cozinho em casa, uso um produto chamado FRUITSOURCE, um adoçante para tudo feito com uvas e cereais. Nunca usei os adoçantes artificiais que se encontram em mesas de restaurante. Se você ler os rótulos nessas embalagens, eles afirmam que seu produto é prejudicial à saúde.

Lidando com o desejo por comida

Desejos por determinados tipos de comida quase sempre indicam algum tipo de desequilíbrio em seu corpo. *Constant Craving: What Your Food Cravings Mean and How to Overcome*

Them, um livro de Doreen Virtue, Ph.D., trata exatamente desse assunto. O corpo está tentando compensar deficiências quando deseja algo. Por exemplo, muita proteína pode gerar um desejo por doces, enquanto uma falta de magnésio geralmente inspira um desejo por chocolate. Uma dieta balanceada repleta de legumes, frutas e cereais frescos contribuirão para papilas gustativas mais equilibradas, e você descobrirá que seus desejos começaram a diminuir.

Algumas pessoas descobrem que têm um desejo por alimentos gordurosos mais do que outros. Como você provavelmente sabe por meio de toda a publicidade que "os gramas de gordura" vêm ganhado nas notícias, ingerir quantidades excessivas de gordura podem provocar entupimento de artérias, do-ença cardíaca e, obviamente, ganho de peso. Infelizmente, a maioria de nós foi criada em uma dieta com alto nível de gordura quando crianças, então pode ser um desafio começar a comer alimentos simples. Acreditamos que o sabor da gordura é normal – e saboroso – um *cheeseburger* duplo com uma porção de fritas é carregado de gordura não saturada e sal. Contudo, após um jejum de suco de três dias, alimentos simples têm ótimo sabor. Portanto, se você descobrir que suplica pelo sabor e pela textura de alimentos gordurosos, tente uma destas afirmações:

EU GOSTO DE ALIMENTOS SIMPLES E NATURAIS.

ALIMENTOS QUE FAZEM BEM PARA MEU CORPO TÊM SABOR DELICIOSO.

AMO ESTAR SAUDÁVEL E COM ENERGIA.

A primeira semana de dieta com baixo nível de gordura pode ser difícil, mas à medida que continuar a ingerir legumes, frutas e cereais com o mínimo de tempero, suas papilas gustativas começarão a mudar. Comece a modificar suas papilas gustativas utilizando algum dos substitutos do sal. Veg-Sal é um produto com uma ínfima quantidade de sal e muitos legumes. Vegit e Mrs. Dash também são populares. Spike é outro bom, embora não contenha levedura. Mesmo com os substitutos, é uma ideia sábia treinar-se a utilizar um pouco menos a cada dia até aprender a apreciar o sabor de comida não adulterada. Sea Seasonings são grânulos de alga e uma boa maneira de incorporar vegetais marinhos em sua dieta.

Curando suas do-enças relacionadas aos alimentos

Nas cartas que recebo de pessoas de todo o mundo, há determinadas perguntas relacionadas a alimentos e nutrição que continuam a surgir de tempos em tempos. Portanto, gostaria de compartilhar minhas ideias sobre esses assuntos com vocês, mas lembrem-se, por favor, de que essas são minhas opiniões pessoais.

Anorexia

Acredito que o fator que contribui com a anorexia é o ódio a si mesmo, puro e simplesmente, acompanhado de uma sensação de total insegurança, de não se sentir bom o suficiente. Às vezes, durante os anos da infância, certas pessoas começam a acreditar que há algo errado com elas, então buscam uma desculpa para justificar suas inadequações percebidas: "Se eu fosse magra o suficiente, seria cativante, mais esperto, mais bonito", e assim por diante. As pessoas que lidam com a anorexia precisam aceitar o fato de que não há NADA ERRADO COM ELAS, que são, de fato, cativantes e, mais importante, merecedoras de seu próprio amor.

Bulimia

A causa mental de bulimia é muito semelhante à da anorexia, exceto que o anoréxico nunca está magro o suficiente, enquanto o bulímico deve manter sua forma a todo custo. O bulímico está engolindo sentimentos e então limpando-os por meio do vômito. Em ambos os casos, há uma criancinha interna que precisa desesperadamente de amor. O que tanto o anoréxico quanto o bulímico precisam saber é que somente eles podem dar à sua criança interior o amor e a aceitação de que necessitam. Autovalor e autoestima emanam de dentro e nada têm a ver com nossa aparência.

Um dos melhores tratamentos tanto para a anorexia quanto para a bulimia seria terapia de grupo focada no amor pelo eu. Esse é o cenário ideal para descobrir nossas falsas crenças e aprender que as outras pessoas realmente precisam amar e aceitar a nós como somos. Quando aprendermos a amar a nós mesmos, automaticamente tendemos a cuidar de nós e a aprender quais alimentos são melhores para nosso corpo. Alimentos saudáveis e nutritivos por si só não convencerão a criança interior que está magoada de que é digna de amor.

Comer em excesso

Acredito que ganhamos peso porque nossos corpos estão intoxicados. Enchemo-nos com os tipos de comida errados durante muito tempo. Não faz sentido iniciar uma dieta radical para perder peso, pois após se privar, você simplesmente o recuperará inteiro. A melhor decisão é iniciar uma dieta saudável e aprender a comer de maneira sadia. Essa prática isolada ajudará a eliminar o peso excessivo. Se você continuar a ingerir alimentos saudáveis, o peso será mantido. (*Losing Your Pounds of Pain*, de Doreen Virtue, Ph.D., é um bom livro para aqueles que desejam quebrar a ligação entre abuso, estresse e comer em excesso.)

Dietas rígidas são uma forma de ódio a si mesmo. Elas não refletem amor-próprio e não geram mudanças permanentes. Quando há verdadeiro amor-próprio, não há necessidade de dieta; a mudança ocorre automaticamente. O livro de Sondra Ray, *The Only Diet There Is*, ensina a eliminar ideias negativas sobre sua dieta.

Se você tem filhos que comem *junk food* e que estão acima do peso, tente você mesmo ser um exemplo agradável. Mantenham toda a *junk food* fora de sua casa e estudem nutrição juntos. Deixe seus filhos escolherem os próprios alimentos de um grupo selecionado de escolhas positivas. Experimente como diferentes alimentos afetam cada um de vocês de modo distinto. Faça da sua nova maneira de comer uma experiência de aprendizado.

Deixe seus filhos ensinarem algo sobre nutrição todos os dias.

Em relação às crianças acima do peso, lembre-se de que vocês, como pais, fazem as compras e controlam quais alimentos entram em sua residência. No entanto, crianças acima do peso geralmente lidam com problemas de insegurança. Tente discernir o que está perturbando tanto seus filhos, de modo que eles precisam de peso extra para se proteger. Você está sendo duro demais com eles? Onde a comunicação falhou entre vocês? Com crianças acima do peso geralmente há muito mais acontecendo do que apenas o excesso de satisfação em muita comida.

É claro que tenho de acrescentar que a proliferação dos restaurantes *fast-food* provocou um dano tremendo na saúde de nossas crianças. Não temos apenas muitas crianças sem saúde e acima do peso, mas elas também têm tendência a crescer como adultos que pensam que comer alimentos com altos teores de gordura e não nutritivos é a norma. Não me admira que tenhamos uma população tão acima do peso. Temos 56 milhões de pessoas obesas nos Estados Unidos. Dietas com altos teores de gordura e açúcar contribuem com crianças hiperativas, adolescentes desregrados e muitos internos nos sistemas prisionais. Nós não precisamos de dietas; necessitamos voltar a comer alimentos naturais e saudáveis.

Hipoglicemia

Indivíduos que lidam com a hipoglicemia geralmente se sentem sobrecarregados pela vida; eles a encaram como algo muito difícil de lidar. Geralmente também há um pouco de compaixão por si mesmo envolvida, sendo o sentimento geral expressado: "Qual a utilidade?".

Pessoas com essa condição devem fazer pequenas refeições com certa frequência. Elas precisam manter seu açúcar no sangue, a fim de aumentar os níveis de energia. O açúcar é a pior coisa para ingerir, pois eleva o nível de açúcar no sangue e em seguida cai, deixando o indivíduo desolado. Cereais são, de fato, as melhores coisas para comer, pois mantêm o nível de açúcar no sangue estável durante muito tempo. Ingerir cereais naturais no café da manhã, quentes ou frios, sem açúcar, manterá seu nível de energia alto até o almoço. Além disso, é sempre sábio que um hipoglicêmico carregue pequenos lanches nutritivos consigo durante o dia. Legumes crus, algumas amêndoas, biscoitos ou um pouco de queijo de soja são algumas escolhas boas. Frutas secas não são uma boa escolha por serem muito concentradas e doces. Mais uma vez, um nutricionista qualificado pode lhe oferecer o melhor aconselhamento.

Vício em nicotina

Fumei durante muitos anos, tendo começado aos 15 anos de idade. Naquela época, queria parecer sofisticada e madura. Eu pensava que os cigarros me ajudavam a acalmar meus nervos, mas na realidade me deixavam mais nervosa. Eles se tornaram para mim uma maneira de lidar com minha insegurança emocional. Como a maioria das pessoas, fiquei viciada e levei algum tempo para finalmente largar para sempre.

Os cigarros são substitutos para muitas outras coisas. Eles podem ser uma proteção de fumaça para manter as pessoas afastadas, um substituto para companhia, uma maneira de controlar sentimentos, um modo de atacar ou até uma maneira desaconselhável de controlar o peso. Não importa por que uma pessoa começa a fumar; uma vez começado, fumar rapidamente se torna um vício que é muito difícil de interromper. Agora as empresas de tabaco estão acrescentando substâncias que deixam os cigarros ainda mais viciantes.

Quando fumantes decidem que querem largar esse vício, há muitas saídas a se tomar. Isso não tem de ser uma luta solitária, mas o fumante realmente precisa querer parar. Se esse é o seu caso, a acupuntura ajudará a libertar os desejos. Também há alguns remédios homeopáticos, como o Smoking Withdrawal Relief da Natra-Bio, ou o chá NICOSTOP, da Crystal Star. Mascar um pedaço de raiz de alcaçuz pode ser útil também. Verifique uma loja de produtos naturais de sua cidade para mais opções.

Medicina Alternativa, do The Burton Goldberg Group, recomenda usar o sal de banho Epsom com 250 gramas de sal. Isso solta a nicotina e o alcatrão de sua pele. Tome uma ducha depois e seque com uma toalha branca. Você ficará assombrado em ver o resíduo acastanhado da nicotina que foi expelida por sua pele na toalha.

Acredito que seria uma ótima ideia para todos, fumantes ou não, escrever para todas as indústrias de cigarro e exigir que eles parem de colocar aditivos no tabaco de cigarros. Essa é uma prática muito perversa e uma expressão de ganâncias à custa da saúde do consumidor. Se o governo não impedir, as pessoas, então, devem fazê-lo.

Resfriados e febres

Metafisicamente, resfriados se relacionam com congestão mental. Quando há muita confusão e muitos projetos acontecendo, então geralmente há uma incapacidade de tomar decisões óbvias.

No nível físico, resfriados se originam com a ingestão de muitos alimentos não naturais no corpo, o que congestiona em excesso os intestinos. Muitas pessoas dizem: "Alimente um resfriado e arda em febre", mas o que está sendo dito, na verdade, é: "SE você está com febre, ENTÃO VOCÊ TEM DE forçar uma febre". Então, a resposta é aliviar. Alivie sua dieta comendo mais legumes, frutas e cereais frescos. Deixe a comida processada e carnes pesadas de fora. E definitivamente pegue leve com os laticínios. Leite cria muco no corpo. Muitos dos problemas auditivos são agravados por laticínios, assim como a condição dos pulmões.

Uma febre também é um aviso da Natureza de que o corpo precisa de descanso – um descanso do estresse e dos alimentos. Se corrermos à farmácia para comprar o remédio mais recente que está na prateleira para reprimir os sintomas, então não estamos permitindo que a inteligência de cura do corpo assuma. Devemos escutar nossos corpos e cooperar com suas mensagens. Nossos corpos nos amam e querem que fiquemos saudáveis.

Eu me encolho toda vez em que assisto na televisão uma propaganda do remédio mais moderno que o levará de volta ao trabalho em pouco tempo. Quando seguimos essas fórmulas, é como se estivéssemos açoitando um cavalo cansado para que ele trabalhe mais. Não funciona e é uma atitude de falta de amor. Corpos que são maltratados param de funcionar logo.

Febres geralmente representam queima de raiva. No nível físico, o corpo gera uma febre para queimar as toxinas. É uma maneira de limpar a casa.

Durante muito tempo reprimimos nossos pensamentos e emoções tão plenamente, em especial com o uso de remédios, que raramente sabemos de fato o que estamos pensando ou sentindo. Não sabemos se estamos doentes ou bem.

Cândida

Pessoas que têm cândida estão geralmente muito frustradas e com raiva, e podem se sentir dispersas em suas vidas pessoais e profissionais. Visto que são basicamente desconfiadas, são frequentemente muito exigentes em seus relacionamentos. Elas são boas receptoras, mas não doadoras. Precocemente aprenderam que não podiam confiar nas pessoas que eram próximas delas. Agora, não conseguem confiar em si mesmas.

De acordo com *Healthy Healing*, uma referência alternativa em cura da médica naturopata Linda Rector-Page, "Candidíase é um estado de desequilíbrio interior, não um germe, inseto ou do-ença. *Candida albicans* é uma espécie de levedura comumente encontrada nas regiões gastrointestinal e genito-urinária do corpo. Geralmente é inofensiva, mas quando a resistência e a imunidade estão baixas, a levedura é capaz de se multiplicar rapidamente, alimentando-se de açúcares e carboidratos nesses tratos. Libera toxinas na corrente sanguínea e causa problemas de longo alcance. Estresse e falta de repouso agravam essa condição em um corpo que já está desequilibrado". *Healthy Healing* é uma obra excelente que recomendo junto com o livro que a acompanha, *Cooking for Healthy Healing*.

Para tratar a cândida, os nutricionistas recomendam eliminar açúcar, adoçantes artificiais, pães, leveduras, laticínios, frutas, chá, café, vinagre e tabaco, dentre outros itens, durante pelo menos duas semanas. Cândida é uma condição que realmente exige tratamento de um nutricionista qualificado.

Menopausa

Acredito que a menopausa seja um processo normal e natural da vida. Não significa que seja uma do-ença. A cada mês, durante a menstruação, o corpo descama o leito preparado para um bebê que não foi concebido. Também libera muitas toxinas nesse momento. Se comermos uma dieta de *junk food* ou até a dieta americana padrão, de alimentos processados, 20% de açúcar e 37% de gorduras, estamos desenvolvendo toxinas o tempo todo. Talvez mais do que conseguimos eliminar.

Se tivermos muitas toxinas em nossos corpos quando estivermos às vésperas da menopausa, o processo então será mais desconfortável. Portanto, quanto melhor você cuidar de seu corpo diariamente, mais fácil será seu período de menopausa. Um período de menopausa difícil ou fácil inicia com o modo com que nos sentimos a partir da puberdade. Mulheres que estão enfrentando uma menopausa difícil geralmente são pessoas que comeram de modo deficiente durante muito tempo e que têm autoimagens inferiores.

Nos anos 1900, nossa expectativa de vida era de 49 anos. Naquela época, a menopausa não era problema. Quando você entrasse nela, estaria perto do fim. Atualmente, nossa expectativa de vida é de cerca de 80 anos, e a menopausa é uma questão com que se deve lidar. Cada vez mais mulheres estão escolhendo assumir um papel mais ativo e responsável em seu cuidado com a saúde, para aumentar a harmonia com seus corpos e permitir que processos de mudança com a menopausa se desdobrem naturalmente para elas, com pouco desconforto ou capacidades reduzidas. Como tudo em nossas vidas, todos nós vivenciamos diferentes graus de prontidão e disposição. Para muitos de nós, o nível de responsabilidade e cometimento necessários para levar a mente e o corpo em harmonia quando se diz respeito a problemas profundamente arraigados é muito grande. Necessitamos de ajuda de profissionais médicos e outras fontes até nos sentirmos prontas ou seguras o suficiente para enfrentar alguns dos problemas que vão de encontro a nossa saúde e bem-estar, por exemplo, crenças acerca do autovalor. Uma crença bastante comum, em nossa sociedade patriarcal, é que as mulheres têm pouco ou nenhum valor sem seus poderes reprodutivos. Há alguma dúvida de que muitas mulheres temem e resistem à menopausa? Terapia de estrogênio não se destina a esses tipos de problemas. Apenas nossos corações e nossas mentes podem curar essas percepções.

Realmente sinto que é necessário que as mulheres se eduquem a respeito de quais são suas verdadeiras escolhas. Por favor, leia e compartilhe com seus amigos o livro *THE MENOPAUSE INDUSTRY: How the Medical Establishment Exploits Women*, de Sandra Coney (Editora Hunter House). Esse livro destaca que até os anos 1960 os médicos não tinham muito interesse na menopausa. Era dito para as mulheres que tudo estava em suas cabeças. Afinal de contas, Freud disse que a menopausa era uma condição neurótica.

O dr. Robert A. Wilson, um ginecologista de Nova York, lançou uma crença particular que foi apoiada com doações de toda a indústria farmacêutica. Seu livro, *Feminine Forever*, publicado em 1966, lançou uma cruzada para resgatar as mulheres da "decadência viva" da menopausa e que tomam estrogênio da puberdade até o túmulo. Hoje em dia, a menopausa tornou-se um comodismo que pode ser explorado para ganho comercial. A indústria farmacêutica promoveu a ideia da menopausa como uma do-ença, pois possuem as drogas para tratá-la.

O autor continua a afirmar: "Não há área que demonstre mais o sexismo arraigado da medicina do que a menopausa. A nova visão da menopausa como do-ença é socialmente controladora. A medicina moderna não faz com que as mulheres sejam mais poderosas e em controle de suas vidas".

Não estou sugerindo que não há mulheres ajudadas pela Terapia de Reposição Hormonal (TPH). Porém, para muitos, na comunidade médica, fazerem a declaração coletiva de que todas as mulheres precisam de TPH da menopausa até a morte é condenar e reduzir a meia-vida delas. Em essência, o que estou sugerindo é que lutar pela harmonia e pelo equilíbrio em nosso corpo e nossa mente podem fazer com que os efeitos colaterais debilitantes disfarçados de terapias com drogas sejam desnecessários.

Em meu próprio caso, quando tive meu primeiro lampejo de calor, fui a um amigo que praticava a homeopatia. Ele me deu uma dose de remédio homeopático e nunca mais tive um lampejo de calor. Foi uma bênção que ele me conhecesse tão bem. Há muitas ervas utilizadas atualmente por nutricionistas que são muito úteis quando você estiver passando por esse período de vida. Também há substâncias naturais que substituem o estrogênio. Converse com seu nutricionista sobre essas questões.

Lembre-se: As mulheres nos dias de hoje são pioneiras que estão trabalhando para mudar os velhos e negativos padrões de crença, de modo que nossas filhas e as filhas de nossas filhas nunca tenham de sofrer durante a menopausa.

Água

Água pura e limpa. Oxigênio é número um, e água é número dois quando se trata dos colaboradores mais importantes à saúde. Não há nada como ela. A água não apenas mata a sede, mas limpa o corpo. Se todas as vezes em que você quisesse um lanche, apanhasse um copo de água, faria uma grande ação para seu corpo. Nosso corpo é quase 75% constituído de água. Cada célula precisa de água para fazer seu melhor trabalho. Sugiro que aprenda a beber muita água, com uma exceção: não beba água durante as refeições, pois diluirá seus fluidos digestivos e você não obterá tanta nutrição de seu alimento.

Infelizmente, o ser humano – a maioria indústria – está poluindo essa substância preciosa há algum tempo. A maior parte de nossa água municipal não serve para ser bebida, sendo tratada com produtos químicos. Como resultado, muitos de nós mudam para as águas engarrafadas. A maioria dos supermercados e até lojas de conveniência agora possuem água engarrafada. Particularmente gosto de comprar água de poço artesiano quando viajo. Em casa, coloquei um filtro de água no lado externo de minha residência, assim toda a água é filtrada, inclusive a água do meu banho. Na pia da cozinha, tenho outro filtro, de modo que minha água é duplamente filtrada. Eu prefiro os filtros Multi-Pure Water.

Aqui no sul da Califórnia, temos estações de cheias periódicas. Durante a última enchente, enviei essas ideias para nosso jornal local:

USE O SENSO COMUM PARA ECONOMIZAR MAIS ÁGUA

Nossa água fluiu tão livremente durante tanto tempo, e nós a utilizamos de modo tão farto que, agora, neste momento de intensa crise de água, quando somos solicitados a reduzir nosso uso individual em 50%, não sabemos o que fazer. Aqui, então, há algumas diretrizes de "senso comum" que, com pouco esforço, podemos seguir com facilidade:

1. Utilize toda porção de água duas vezes, se possível. Não deixe a água descer pelo ralo. Colete-a e a reutilize.
2. Lave folhas de salada e legumes em uma tigela. Reutilize essa água para plantas domésticas.
3. Quando você mudar a tigela de água do cão, dê a água a uma planta.
4. Troque para sabões e limpadores "biodegradáveis e atóxicos", de modo que consiga facilmente reutilizar a água para as plantas, sem prejudicá-las. Shaklee e Amway o produzem há anos. Procure por outras marcas também.
5. Dê férias para a lava-louça e volte a lavar a louça. Você economizará água e eletricidade. Utilize um recipiente para lavar e um para enxaguar. Definitivamente economize a água do enxágue.

6. Toda água de um vaso de flores pode ser reutilizada para plantas domésticas (Elas amam; a água é cheia de nutrientes.)

7. Quando você escova os dentes ou lava o rosto, mais uma vez coloque uma tigela na pia e colete essa água para as plantas que ficam no lado externo.

8. Mantenho uma ou duas latas de lixo grandes próximas da porta da cozinha e uma próxima à porta do meu banheiro. Toda água que não preciso utilizar no momento, eu armazeno – lava-louça, água do banho, água do enxágue, etc.

9. Faça do seu vaso sanitário uma represa, ou faça uma com dois sacos plásticos cheios de água e amarre firmemente. Em Santa Bárbara, onde estão lidando com um corte de água há muito tempo, eles têm um ditado: "Se estiver amarelo, deixa amadurecer. Se estiver marrom, dê a descarga". Em outras palavras, você não tem que dar a descarga toda vez em que utilizar o banheiro.

10. Instale uma cabeça de chuveiro "economizadora de sabonete". Molhe seu corpo, pressione o botão para desligar a água enquanto você se ensaboa, então se enxágue rapidamente.

11. Coloque um tonel plástico no chuveiro e colete a água. Transfira para um balde e utilize nas plantas.

12. Pode não ser o que você esteja acostumado, mas pode facilmente tomar banho com cerca de 7 centímetros de água. Colete a água do banho e a reutilize no jardim. Mesmo que você não tenha um jardim, pode levar um balde de água para fora todos os dias e, quem sabe, salvar uma árvore em seu condomínio. Adote uma árvore em algum lugar e a regue regularmente com água que você deixaria descer pelo ralo.

13. Certifique-se de ter louça o suficiente para ocupar por inteiro a lava-louça antes de usar.

14. Anexe um tanque às suas calhas de chuva, de modo que possa coletar aquela água quando chover.
15. Examine cuidadosamente a "água cinza", aquela que você recicla. Peça a um encanador para ajustar seus canos de modo que a água da cozinha, do banho e da lava-louça escoem no jardim.
16. Recrute as crianças. Faça uma competição em sua família. Veja quem consegue economizar a maior quantidade de água em um dia.
17. Cubra com matéria vegetal as plantas que você rega no jardim, de modo que elas consigam viver com menos.

Ainda assim, como todos esses métodos, algumas plantas do jardim podem morrer. Lembre-se: É apenas uma medida temporária. Quando as chuvas voltarem, podemos replantá-las.

Também lembre-se de que em muitos lugares do planeta carrega-se água em um balde de um poço central para todas as necessidades domésticas. Por mais difícil que possa se reduzir agora, seja grata pelas maneiras convenientes que a água flui em nossa vida. Abençoe a água com amor todas as vezes em que usá-la. Seja grato por tudo o que você tem.

As alegrias do exercício

Exercício é ótimo para o corpo. Faça tudo para se sentir bem. Não importa se é pedalar, jogar tênis, correr, jogar vôlei, nadar, jogar golfe, caminhar rapidamente, usar um trampolim, pular corda, brincar com o cão ou o que quer que seja. Alguns tipos de exercícios são vitais para manter a saúde. Se não nos exercitarmos, os ossos enfraquecem; eles necessitam de exercícios para se manter fortes. Estamos vivendo mais, e queremos ser capazes de correr, saltar e nos movimentar com facilidade até nosso último dia.

Vou à academia duas vezes por semana e também faço um pouco de jardinagem, que é trabalho físico pesado e mantém o corpo forte. Durante minha vida, fiz muitos tipos de exercício: *jazz*, aeróbica, trabalho de solo, ioga, trapézio e dança. Há algum tempo estou frequentando a academia de pilates. Trabalhamos com saltos mais do que com pesos, então os músculos ficam esticados. Essa forma de exercício serve muito bem a meu corpo. Eu também caminho com certa regularidade, o que gosto muito, pois me dá a chance de absorver o belo ambiente em minha amada vizinhança do sul da Califórnia.

Se você está pensando em embarcar em um programa de exercício, comece lentamente, talvez apenas com uma volta no quarteirão após o jantar. À medida que desenvolver resistência, você pode aumentar seu ritmo e distância até caminhar em um passo mais rápido durante cerca de 1,5 quilômetro ou mais. Você ficará surpreso com as mudanças que verá em seu corpo e em sua mente quando começar a se cuidar. Lembre-se: Cada pequena coisa que você faz por você é um ato de amor-próprio, ou ódio próprio. Exercício é amor-próprio. E amar o eu é a chave para o sucesso em quase todos os aspectos de sua vida.

Healthy Healing possui um "exercício de um minuto" para aqueles que não têm tempo ou quando estamos com muita pressa para fazer uma série mais extensa. Simplesmente deite no chão. Então, levante-se da maneira que conseguir. Em seguida, deite-se novamente. Faça isso por um minuto. Exercita os músculos, pulmões e o sistema circulatório.

Quando pesquisei diferentes maneiras de ficar em forma, descobri que há muitos exercícios de dois a cinco minutos que você pode fazer durante todo o dia. Por exemplo, para comprimir sua área inferior do abdome: expire lentamente e, enquanto busca o lugar em que normalmente termina a respiração, respire *mais* lenta e suavemente, utilizando a força de seus músculos abdominais inferiores. Desenvolva até fazer dez desses exercícios todos os dias. Encaixe-os sempre onde você puder, fazendo um ou dois de uma vez.

Meu exercício de "um minuto" preferido, que faço quando estou com pressa, é apenas pular 100 vezes. É rápido, fácil e me faz sentir bem.

Então você entende que há muitas maneiras de se certificar de que o corpo não fique enferrujado e rígido. Continue se movimentando e divirta-se.

Sol ou não

Sei que há muita controvérsia acerca do sol nos dias atuais. Porém, a maneira natural de receber vitamina D é absorvê-la pela pele quando estamos à luz do sol. Sim, concordo que assar seu corpo por horas e horas não é algo sábio a se fazer. No entanto, seres humanos estão neste planeta há milhões de anos, assim como o sol. Deus estabeleceu que nossos corpos são compatíveis com o sol. Em regiões em que ele é muito forte, a Natureza nos deu pigmento de pele mais escuro. Africanos nativos estão expostos ao sol o dia inteiro, e eles não desenvolvem câncer de pele. Infelizmente, em nossa sociedade moderna, nos afastamos tanto da dieta de alimentos naturais que a Natureza colocou aqui para nós que nossos corpos estão fora da linha em todos os níveis, incluindo nosso relacionamento com o sol.

Também temos uma diminuição dos níveis de ozônio no planeta por causa da poluição extrema que a humanidade criou. Em vez de corrigir o problema e tratar nosso ar como bem precioso que é, mais uma vez nos voltamos à indústria farmacêutica para ter respostas, e eles criaram protetores solares e cremes bloqueadores. Agora dizem que devemos aplicar essas loções químicas sempre que sairmos. Somos até advertidos a colocar essas substâncias não naturais em nossas crianças e bebês. Particularmente acredito que tudo isso é um grande embuste, uma campanha publicitária que beneficia as empresas farmacêuticas.

Alternative Healing relata uma nova pesquisa que sugere que protetores solares podem contribuir para a causa de melanoma, pois evitam que a pele produza vitamina D. Não há evidências de que protetores solares evitam o câncer em humanos; eles apenas evitam queimaduras solares. A pesquisa também afirma que o aumento nos níveis de melanoma é diretamente proporcional ao aumento de vendas e uso de protetores solares. Queensland, Austrália, possui o maior índice de melanoma do mundo, e também era o local em que protetores solares eram mais recomendados pela comunidade médica.

Seja sensato em relação a nosso tempo sob o sol. Superexposição a ele aumenta o envelhecimento da pele, portanto, não exagere. Além disso, seja cuidadoso em relação a quais produtos químicos você coloca em sua pele, pois ela os absorve por completo.

Ame seu corpo

Quando você escuta com amor as mensagens de seu corpo, você o suprirá com o alimento, exercício e amor necessários. Acredito que contribuímos para todas as chamadas do-enças de nosso corpo. O corpo, como tudo mais na vida, é um reflexo de seus pensamentos e suas crenças interiores. O corpo está sempre conversando com você, se você tiver tempo para ouvir. Todas as células dentro de seu corpo responde a cada pensamento que você tem e cada palavra que você fala.

Cuidar de seu corpo é um ato de amor. À medida que você aprende mais e mais sobre nutrição, começará a perceber como se sente após comer determinados alimentos. Notará quais alimentos fornecem a você força ideal e muita energia. Então, adotará a ingestão desses alimentos.

Não acredito que todos temos de ficar doentes e terminar em lares de idosos – essa não é a maneira que somos destinados a deixar este planeta extraordinário. Creio que podemos cuidar de nós mesmos e ficar saudáveis durante muito tempo.

Precisamos estimar e venerar esses templos maravilhosos em que vivemos. Uma maneira de fazê-lo é ficar longe de alumínio, que está realmente criando muitos problemas. Pesquisadores estão descobrindo que há uma correlação direta com a do-ença de Alzheimer. Lembre-se de que o alumínio não está apenas nas latas de desodorante, cerveja e refrigerantes, mas em folha de alumínio, vasos e panelas, os quais você deve considerar descartar. Compreendo que também seja um ingrediente daqueles refrescantes bucais em *spray* e muitas misturas de bolo. Tudo isso apenas envenenam seu corpo. E por que você iria querer colocar veneno no corpo de quem ama?

Acredito que a melhor maneira de estar bem com seu corpo é lembrar que você o ama. Olhe dentro de seus próprios olhos no espelho com frequência. Diga a si mesmo o quão maravilhoso você é. Dê a você mesmo uma mensagem positiva toda vez em que ver seu próprio reflexo. Apenas ame a si mesmo. Não espere até ficar magro ou desenvolver seus músculos, ou abaixar seu colesterol ou reduzir seu nível de gordura. Simplesmente faça agora, pois você merece se sentir maravilhoso o tempo todo.

VOCÊ É ÓTIMO!

AFIRMAÇÕES PARA AMAR O CORPO

EU AMO MEU CORPO.

MEU CORPO AMA SER SAUDÁVEL.

MEU CORAÇÃO É O CENTRO DO AMOR.

MEU SANGUE TEM VIDA E VITALIDADE.

TODAS AS CÉLULAS DE MEU CORPO SÃO AMADAS.

TODOS OS MEUS ÓRGÃOS FUNCIONAM PERFEITAMENTE.

EU ENXERGO COM AMOR.

EU OUÇO COM COMPAIXÃO.

EU ME MOVIMENTO FÁCIL E CONFORTAVELMENTE.

MEUS PÉS DANÇAM PELA VIDA.

EU ABENÇOO MINHA COMIDA COM AMOR.

ÁGUA É MINHA BEBIDA FAVORITA.

EU SEI CUIDAR DE MIM MESMO.

ESTOU MAIS SAUDÁVEL DO QUE JAMAIS ESTIVE.

EU ESTIMO MEU CORPO GLORIOSO.

EU ESTOU SAUDÁVEL, CURADO E PLENO

Eu perdoo a mim mesmo por não tratar meu corpo bem no passado. Estava fazendo o melhor que podia, com a compreensão e o conhecimento que tinha. Agora cuido o suficiente de mim para me nutrir com tudo de melhor que a Vida tem para oferecer. Eu dou a meu corpo o que é necessário em cada nível para chegar à saúde ótima. Como alimentos nutritivos com alegria. Bebo muita água, ouro da Natureza. Encontro continuamente maneiras divertidas para me exercitar. Eu amo cada parte de meu corpo, dentro e fora. Agora escolho pensamentos tranquilos, harmoniosos e agradáveis que criam uma atmosfera de harmonia para as células em meu corpo viverem. Estou em harmonia com cada parte da vida. Meu corpo é um bom amigo que cuido com amor. Estou alimentada e nutrida. Eu descanso bem. Durmo tranquilamente. Eu acordo com alegria. A vida é boa, e adoro vivê-la. E assim seja!

Capítulo Quatro

Os Relacionamentos em Sua Vida

*"Cada pessoa que conheço é um reflexo
de alguma parte de mim."*

O relacionamento mais importante de todos

O RELACIONAMENTO MAIS DURADOURO que já tive foi comigo mesma. Todos os demais relacionamentos vêm e vão. Até casamentos que duram "até que a morte nos separe" terminam eventualmente. A pessoa com quem estou para sempre sou eu. Meu relacionamento comigo é eterno. Então, como é esse relacionamento? Eu acordo de manhã contente por me encontrar aqui? Eu sou a pessoa com quem gosto de estar? Eu aprecio meus próprios pensamentos? Eu rio comigo mesma? Eu amo meu corpo? Estou contente por estar comigo?

Se eu não tiver um bom relacionamento comigo mesma, como posso ter um bom com outra pessoa? Se eu não me amar, sempre estarei à procura de alguém para me completar, para me fazer feliz, para realizar meus sonhos.

Atraindo relacionamentos saudáveis

Estar "necessitado" é a melhor maneira de atrair um relacionamento fracassado. Como afirma o autor dr. Wayne Dyer: "Em qualquer relacionamento no qual duas pessoas se tornam uma, o resultado final é duas meias pessoas". Se você espera que a outra pessoa "conserte" sua vida ou que seja sua "metade melhor", está se expondo ao fracasso. Você realmente quer ser feliz com quem você é antes de entrar em um relacionamento. Você quer estar feliz o suficiente, de modo que sequer precise de um relacionamento para estar feliz.

De modo semelhante, se você tem um relacionamento com alguém que não se ama, é então impossível realmente agradar essa pessoa. Você nunca será "boa o suficiente" para alguém que é inseguro, frustrado, ciumento, autorrepugnante e rancoroso. Com bastante frequência nos eliminamos por tentar ser bons o suficiente para parceiros que não fazem ideia de como aceitar nosso amor – porque eles não amam quem são. A vida é um espelho. O que atraímos sempre reflete as qualidades que possuímos ou crenças que temos acerca de nós mesmos e dos relacionamentos. O que os outros sentem a nosso respeito é a própria perspectiva limitada que eles têm da vida. Devemos aprender que a Vida sempre nos amou incondicionalmente.

Pessoas ciumentas são muito inseguras; elas não se valorizam. Não têm fé em seu autovalor. Ciúme é, na verdade, dizer: "Não sou bom o suficiente, não sou digno de amor, então eu sei que meu parceiro me trairá ou me deixará para ficar com outra pessoa". Isso gera raiva e culpa. Se você permanecer com uma pessoa ciumenta, então está afirmando que não merece um relacionamento agradável.

Geralmente é a mesma coisa com cônjuges abusivos. Eles crescem em uma família em que o abuso era normal e apenas continuam o padrão da família, ou culpam o mundo e seus parceiros por sua própria falta de autovalor. Abusivos nunca pararão seu padrão de abuso, a menos que passe por terapia. Abusivos quase sempre têm um pai em relação ao qual possui profundo ressentimento. Perdão é uma questão vital para eles. Portanto, devem compreender seus padrões e estarem dispostos a mudar.

A influência de nossos pais

Todos os meus relacionamentos são baseados nos relacionamentos que tive com meus pais. Fiquei muito chocada quando descobri isso. Anos atrás eu participei de um "*Workshop de Relacionamentos Amorosos*", presidido por Sondra Ray, na esperança de aprender a atrair um relacionamento amoroso. Fiquei muito espantada quando tomei conhecimento que iríamos trabalhar nossos relacionamentos com nossos pais. Ao fim do *workshop*, porém, aprendi que o motivo por eu ter tido tantos problemas em meus relacionamentos pessoais foi por causa da infância muito dura que tive.

Os abusos que minha mãe e eu suportamos, o abandono e o desamor de minha infância – tudo isso se transferiu para meus relacionamentos atuais. Não há dúvidas de que atraí homens abusivos, não há dúvidas de que eles sempre me abandonaram, não restam dúvidas de que sempre me senti não amada e não desejada, não há dúvidas de que aparentemente sempre tive chefes que me assustavam. Eu estava apenas sobrevivendo ao que havia aprendido quando criança. Esse foi um *workshop* muito importante para mim. Eu me libertei de uma grande dose de ressentimento e aprendi a trabalhar o perdão. O relacionamento comigo mesma melhorou muito. Nunca mais atraí um homem abusivo.

Então, mais do que gastar tempo afirmando que "Os homens não são bons" ou "As mulheres não são boas", olhemos para os relacionamentos que tivemos com nossos pais ou que nossos pais tiveram um com o outro.

Por exemplo, quais são suas atuais queixas em relação aos homens ou mulheres em sua vida? Pense em como você preencheria as lacunas a seguir.

Ele nunca _____.
Ele sempre _____.
Ela nunca _____.
Ela sempre _____.
Os homens não irão _____.
As mulheres não irão _____.

É dessa maneira que sua mãe ou seu pai se comportou em relação a você? Sua mãe tratava seu pai desse modo? Ou isso descreve a maneira com que seu pai tratava sua mãe? Como o amor era expressado em sua casa quando você era criança?

Você pode ter de voltar ao relacionamento que tinha com seu pai ou com sua mãe na infância para resolver medos enraizados em torno de um relacionamento. Pergunte a si mesmo: Do que eu tenho de desistir para estar em um relacionamento? Como eu *me* perco quando estou em um relacionamento? Quais mensagens recebi quando criança que originou uma crença em mim de que relacionamentos são dolorosos?

Afirme o amor por você mesmo

Talvez você tenha um momento muito difícil ao estabelecer limites, e as pessoas tendem a tirar vantagem de você. Você pode estar enviando uma mensagem que diz: "Eu não valorizo e respeito a mim mesmo. Tudo bem que me abusem e tirem vantagem de mim". Mas isso não precisa mais ser verdade. Comece hoje a afirmar seu amor e respeito por você mesmo. Olhe em um espelho com frequência e diga: EU TE AMO. Por mais simples que isso possa soar, é uma afirmação curativa muito poderosa. À medida que desenvolver amor-próprio, seus relacionamentos começarão a refletir esse amor e respeito também.

Você pode desejar considerar se unir a um grupo de apoio, como os Codependentes Anônimos ou Al-Anon. Esses são grupos maravilhosos que o auxiliarão a estabelecer as fronteiras de seus relacionamentos e o ajudarão a se reconectar com o amor- próprio e o respeito que estão dentro de você. Verifique o catálogo telefônico de sua cidade para procurar o grupo próximo de você.

Satisfaz a mim observar que grupos de autoajuda estão se tornando as novas normas sociais – pessoas com problemas semelhantes se unindo, trabalhando nas soluções. Se você conhecer alguém em um desses grupos, saberá que, enquanto eles podem ter alguns problemas, estão trabalhando na melhoria da qualidade de suas vidas.

Acredito que temos zonas de conforto em nossos relacionamentos com os outros. Essas zonas de conforto se formam quando somos muito pequenos. Se nossos pais nos trataram com amor e respeito, então associamos esse tipo de tratamento com ser amado. Se, como no caso de muitos de nós, nossos pais foram incapazes de nos tratar com amor e respeito, então aprendemos a ficar confortáveis com essa carência. Em um esforço para satisfazer nossas necessidades, para nos sentirmos amados e cuidados, associamos ser maltratados com ser amado. Isso se torna nosso padrão e, como um padrão formado na infância, torna-se os padrões que utilizamos inconscientemente em todos os nossos relacionamentos.

Esse padrão de crença, que ser maltratado é igual a amor, não conhece preconceitos de gênero. Acredito que esse tipo de padrão disfuncional é mais amplamente reconhecido em mulheres, pois, do ponto de vista cultural, elas são encorajadas para expressar vulnerabilidade e, desse modo, mais dispostas a admitir quando suas vidas não estão funcionando. Isso é, contudo, mutável, à medida que cada vez mais homens se tornam dispostos a se reconectar com sua vulnerabilidade. *Women Who Love Too Much*, de Robin Norwood, é um ótimo livro sobre relacionamentos; e eu também recomendo o áudio-livro *Making Relationships Work*, de Barbara De Angelis, Ph.D. Uma afirmação para todos nós é: EU ABRO MEU CORAÇÃO PARA O AMOR, E ESTOU EM SEGURANÇA.

Todo o trabalho importante que fazemos está dentro de nós. Desejar que seu parceiro mude é uma maneira sutil de manipulação, um desejo de ter poder sobre ele ou ela. Também pode ser autorretidão, pois está afirmando que é melhor do que ele ou ela é. Permita que seus parceiros na vida sejam como escolherem ser. Incentive sua altoexploração, autodescoberta, amor-próprio, autoaceitação e autovalor.

Encontrando o amor

Se você estiver procurando um parceiro, sugiro que faça uma lista de todas as qualidades que você gostaria que essa pessoa tivesse. Vá além do "alto, escuro e belo" ou "fofo, loiro e bonito". Liste *todas* as qualidades que desejar. Então revise essa lista e veja quantas dessas qualidades *você* possui. Você está disposto a desenvolver aquelas que não possui? Então, também pergunte a si mesmo o que está dentro que pode ter negado ou atrasado a atração dessa pessoa até você. Você está disposto a mudar essas crenças?

Há alguma parte de você que acredita que você seja pouco atraente ou não digno de amor? Há um hábito ou uma crença que você possui que repele o amor? Há uma parte de você que diz: "Eu não quero sequer me casar, como meus pais; por esse motivo, não me apaixonarei?".

Talvez você tenha sentimentos de isolamento. É muito difícil se sentir conectado com outros quando, na maioria, você está desconectado de seu próprio eu. Nesse caso, você precisa realmente concentrar algum tempo de qualidade em você agora mesmo. Então, com frequência olhamos para os outros para nos sentirmos amados e conectados, quando tudo o que podemos fazer é refletir nosso próprio relacionamento em nós mesmos.

O que você considera desejar em um relacionamento íntimo? Quando viemos de um lugar em que sentimos que nunca conseguimos o que realmente desejamos, geralmente significa que nosso sistema de crenças apoia o "não merecimento". É nisso que você realmente acredita em relação a você, que você não consegue ter o que realmente quer? Esse padrão mental em particular não mais precisa ser uma verdade para você. Você pode começar a fazer uma mudança hoje.

Faça algumas listas, como: no que acredito em relação aos homens, mulheres, amor, casamento, comprometimento, fidelidade, confiança e filhos. Essas listas mostrarão quaisquer crenças negativas que você necessita modificar. Você pode se surpreender com algumas das mensagens que estão ocultas em sua consciência. Livre-se delas e poderá se deleitar ao ver o quão diferente seu próprio relacionamento será.

É interessante observar que a maioria dos relatórios médicos, que grande parte das pessoas que procuram por eles, pergunta pelo menos uma dessas questões. Médicos escutam essas mesmas perguntas repetidas vezes: Como eu consigo um relacionamento? Como me livro de um relacionamento? Como aumento minhas finanças?

Se você estiver em um relacionamento do qual você realmente deseja se livrar, utilize esta ferramenta poderosa: Bênção com Amor. Afirme: EU O ABENÇOO COM AMOR, E EU O LIBERTO. VOCÊ É LIVRE E EU SOU LIVRE.

Repita isso com frequência. Então seja bem claro em relação ao que você *realmente* deseja em um relacionamento. Faça uma lista se assim o quiser. Enquanto isso, desenvolva o amor a si mesmo sem interrupção. Ame e aceite a outra pessoa por completo, exatamente como ela é. À medida que mudar e desenvolver seu interior, você descobrirá que uma de duas coisas acontecem automaticamente. A outra pessoa se alinhará a seus desejos ou desaparecerão completamente. Se ela deixar sua vida, essa transição será tranquila. Sempre comece amando e estimando a si mesmo... todo o restante mudará. Utilize a afirmação: EU AGORA DESCOBRI O QUÃO MARAVILHOSO EU SOU. EU ESCOLHO AMAR E ME APRECIAR.

É muito importante se livrar e resolver antigos relacionamentos, a fim de se comprometer a um novo. Se você sempre fala ou pensa em seu último amor, você ainda não está livre e desimpedido para entrar em um novo. Às vezes deificamos nosso amor anterior, a fim de nos proteger de sermos vulneráveis no momento atual. Em seu livro *A Return to Love*, Marianne Williamson compartilha esse barômetro maravilhoso para nossas escolhas. Ela afirma que em todas as nossas interações ou "nos dirigimos ao amor ou nos afastamos dele". Idealmente, para que estejamos plenamente vivos e felizes, desejamos fazer escolhas em nossas vidas que nos conduzam ao amor.

Enquanto trabalha em liquidar os obstáculos que estão entre você e seu relacionamento, pratique ser seu próprio amante. Trate-se para o romance e o amor. Demonstre a você mesmo o quanto você é especial. Mime-se. Trate-se com pequenas atitudes de gentileza e valorização. Compre flores para você, cerque-se com cores, texturas e perfumes que o agradam. A Vida sempre reflete de volta a nós o sentimento que temos dentro. À medida que seu senso interno de amor e romance crescer, a pessoa certa para dividir seu senso crescente de intimidade será atraído até você como um ímã. Mais importante: você não terá de abrir mão de nenhuma parte de sua própria intimidade para estar com essa pessoa.

O término de um relacionamento

O término de um namoro é, em geral, um momento doloroso. Entramos na rotina do "Não sou bom o suficiente" e nos punimos. Achamos que pelo fato de a outra pessoa não querer mais estar conosco, deve haver algo errado conosco, e geralmente caímos em desespero. Não é verdade que há algo errado conosco. Todos os relacionamentos são experiências de aprendizado. Reunimo-nos durante um período. Dividimos energia e experiências o quanto pudermos. Aprendemos o que podemos juntos. Então, chega um momento de romper. Isso é normal e natural.

Não se prenda a um relacionamento desgastado apenas para evitar a dor do rompimento. Não suporte abusos físicos e emocionais apenas para estar com alguém. Você nunca terá uma vida realizada se se prender a experiências antigas. Quando nos permitimos ser tratados com desrespeito, estamos dizendo: "Não sou digno de amor, então tenho de permanecer aqui e aceitar esse comportamento. Não consigo suportar estar só (apenas comigo mesmo) e eu sei que nunca encontrarei outro relacionamento". Essas afirmações negativas o colocam para baixo. Em vez disso, escute sinais.

Quando um relacionamento termina, a Vida está dando a você uma chance para uma nova experiência. Esse pode ser um momento de gratidão profunda, de admitir todas as experiências de aprendizado. Então, você pode libertar esse relacionamento com amor e progredir para a próxima etapa de sua vida. Esse é um momento para se amar com ternura e compreensão. Esse não é o fim de seu mundo; é o início de uma nova fase. Com amor a si mesmo, esse novo momento de sua vida pode ser muito mais maravilhoso do que aquele que você acabou de concluir.

AFIRMAÇÕES PARA OS RELACIONAMENTOS EM SUA VIDA

EU VIM AQUI PARA APRENDER QUE HÁ APENAS AMOR.

ESTOU DESCOBRINDO O QUANTO SOU MARAVILHOSO.

ESTOU DESCOBRINDO O QUANTO SOU MARAVILHOSO. ESCOLHO AMAR E GOSTAR DE MIM.

COMO UMA CRIAÇÃO MAGNÍFICA DE UM DEUS AMOROSO, SOU INFINITAMENTE AMADO E ACEITO ESSE AMOR AGORA.

ESTOU ABERTO E RECEPTIVO A UM RELACIONAMENTO AMOROSO MARAVILHOSO.

AO TER PENSAMENTOS AGRADÁVEIS E INCENTIVADORES, CRIO UMA RELAÇÃO AGRADÁVEL E INCENTIVADORA.

EU ABRO MEU CORAÇÃO AO AMOR.

É SEGURO PARA EU EXPRESSAR AMOR.

EU ME DOU BEM COM TODOS.

NÃO IMPORTA ONDE EU ESTEJA, HÁ ALEGRIA E RISO.

EU INTERAJO COM MEU CORAÇÃO.

AS PESSOAS ME AMAM, E EU AMO AS PESSOAS.

ESTOU EM HARMONIA COM A VIDA.

EU SEMPRE TENHO O PARCEIRO PERFEITO EM MINHA VIDA.

ESTOU EM SEGURANÇA E CERTO DE MEU AMOR POR MIM MESMO.

ESTOU EM UM RELACIONAMENTO HARMONIOSO COM A VIDA.

A VIDA ME AMA E EU ESTOU EM SEGURANÇA

Eu envolvo todos em minha vida em um círculo de amor, não importa se eles são homens ou mulheres. Eu incluo meus amigos, meus entes amados, meus colegas de trabalho e todos de meu passado. Eu afirmo ter relacionamentos maravilhosos e harmoniosos com todos, nos quais há respeito mútuo e cuidado de ambos os lados. Vivo com dignidade, paz e alegria. Eu expando meu ciclo de amor para envolver todo o planeta, e esse amor volta para mim multiplicado. Dentro de mim está o amor incondicional, e eu o expresso a todos. Meu amor incondicional inclui a mim, pois sei que sou digno do amor. Eu amo e me estimo. E assim seja!

Capítulo Cinco

Ame Seu Trabalho

"Eu aprecio todo o trabalho que faço."

O início de minha vida profissional

Quando saí de casa, soube de um emprego em uma máquina de refrigerante, em uma farmácia. Lembro-me do chefe me dizendo o quanto o trabalho era difícil e quanta limpeza tinha de ser feita. Ele perguntou se eu achava que poderia dar conta. É claro que disse sim, pois realmente queria trabalhar. Ao fim do primeiro dia, lembro-me de pensar: Ele acha que isso é trabalho duro? Isso não é nada comparado ao trabalho que realizava todos os dias em casa.

Aquele emprego durou duas semanas, pois meus pais me descobriram e me fizeram ir para casa. Meu chefe lamentou por me ver ir embora, porque eu era uma boa funcionária. Na segunda vez em que entrei no mercado de trabalho, progredi no mundo – tornei-me garçonete em um pequeno café. Havia muitas outras garçonetes ali e, no primeiro dia, elas me fizeram limpar as louças do balcão. Eu era tão ingênua e desapegada que pensei que as gorjetas fossem para mim e as coloquei em meu bolso. Ao fim do dia, as outras garçonetes perceberam e me confrontaram, exigindo suas gorjetas. Eu fiquei muito constrangida. Certamente não foi a maneira de começar um emprego novo. Essa posição também não demorou muito.

Àquela altura de minha vida, eu não era sofisticada, pois não tinha nenhum traquejo social. Não sabia me comportar em sociedade. Minha primeira experiência em um pequeno restaurante foi tão assustadora que eu corri para fora, histérica. Em casa aprendi a trabalhar duro, mas não fui ensinada sobre nada do mundo externo.

Entre minha ignorância e minha falta de autoestima, passei por uma longa série de empregos mal remunerados. Trabalhei em farmácias, lojas de artigos baratos e no estoque de lojas de departamento. Enquanto meu sonho era ser uma estrela do cinema ou dançarina, também não fazia ideia de como conseguir isso. Nenhum emprego em que estive era um sonho distante. Eu era tão mal-educada que até um emprego de secretária estava distante de mim.

Então, um dia, a Vida deu uma reviravolta interessante; eu deveria estar pronta. Consegui um emprego em Chicago que pagava 28 dólares por semana. Por que caminhei pelo estúdio de dança Arthur Murray um dia, eu não consigo me recordar. Mas eu o fiz, e um vendedor esperto me vendeu o valor de 500 dólares em aulas de dança. Quando voltei para casa naquele dia, não consegui acreditar no que havia feito. Eu estava aterrorizada. No dia seguinte, após o trabalho, voltei ao estúdio e confessei minha pobreza. Eles disseram: "Ah, mas você assinou um contrato e deve pagar o dinheiro a nós. Porém, temos uma vaga de recepcionista aberta. Você acredita que consegue?".

O emprego pagava 10 dólares a mais do que eu estava ganhando. Era um estúdio grande, com mais de 40 professores. Trabalhávamos das 10 às 22 horas e sempre fazíamos nossas refeições juntos. Em dois dias descobri que tinha capacidade de lidar com a agenda dos professores, receber dinheiro e fazer todas aquelas instruções. Eu tive um progresso em minha vida pessoal e nunca havia me divertido tanto em um emprego. Foi uma ótima virada em minha vida.

Após o emprego no Arthur Murray, mudei-me para Nova York e me tornei modelo, mas eu nunca possuí, de fato, autovalor e autoestima até começar a trabalhar em mim mesma para me libertar de minhas crenças negativas de infância. Nos primeiros dias, não fazia ideia de como mudar minha situação. Agora eu sei que o trabalho interior deve ser feito primeiro. Não importa a que preços pareçamos estar, é sempre possível fazer mudanças positivas.

Abençoe seu trabalho com amor

Talvez você esteja em um emprego neste momento no qual se sinta preso, ou que odeie, ou descobriu que está apenas passando tempo para levar um pagamento para casa. Bem, definitivamente há coisas que você pode fazer para mudar positivamente. Essas ideias podem soar idiotas ou simplistas, mas sei que elas funcionam. Eu vi inúmeras pessoas mudando suas situações profissionais para melhor.

A ferramenta mais poderosa que você pode usar para transformar uma situação é o poder de *abençoar com amor*. Não importa em que você trabalhe ou como se sinta em relação ao lugar, ABENÇOE-O COM AMOR! Quero dizer, literalmente: "EU ABENÇOO MEU EMPREGO COM AMOR".

Não pare aí. Abençoe com amor: o prédio, os equipamentos no prédio, a mesa, se tiver uma, o balcão, se trabalhar em um, as várias máquinas que você pode utilizar, os produtos, os clientes, as pessoas com quem trabalha e as pessoas para quem trabalha, e tudo o mais associado com esse emprego. Isso fará maravilhas.

Se há uma pessoa no emprego com a qual você está tendo dificuldades, utilize sua mente para mudar a situação. Utilize a afirmação: EU TENHO UM RELACIONAMENTO PROFISSIONAL MARAVILHOSO COM TODOS NO TRABALHO, INCLUINDO _____. Toda vez que essa pessoa entrar em sua mente, repita a afirmação. Você ficará maravilhado com o quanto essa situação muda para melhor. Uma solução pode surgir de modo que você sequer é capaz de imaginar no momento. Fale suas palavras, e então deixe o Universo perceber como lidar com as coisas.

Se você quiser segurar um emprego novo, então, além de abençoar seu emprego atual com amor, acrescente a afirmação: EU LIBERTO ESTE EMPREGO COM AMOR PARA A PRÓXIMA PESSOA QUE ESTARÁ MUITO FELIZ POR ESTAR AQUI. Aquele emprego foi ideal para você no momento em que o conseguiu. Foi o reflexo perfeito de seu senso de autovalor naquele momento. Agora você se desenvolveu e está seguindo em frente para coisas melhores. Agora sua afirmação é: EU SEI QUE HÁ PESSOAS LÁ FORA PROCURANDO EXATAMENTE O QUE EU TENHO A OFERECER. EU AGORA ACEITO UM EMPREGO QUE UTILIZA TODOS OS MEUS TALENTOS CRIATIVOS E HABILIDADES. ESTE EMPREGO É PROFUNDAMENTE GRATIFICANTE, E É UMA ALEGRIA PARA MIM IR AO TRABALHO TODOS OS DIAS. EU TRABALHO COM E PARA PESSOAS QUE ME ESTIMAM. O PRÉDIO É LEVE, BRILHANTE E AREJADO, E REPLETO DE UM SENTIMENTO DE ENTUSIASMO. ESTÁ NA LOCALIZAÇÃO PERFEITA E EU GANHO BOM DINHEIRO, PELO QUAL SOU PROFUNDAMENTE GRATO.

Se você odeia o emprego que tem agora, você levará esse sentimento de ódio consigo. Mesmo se conseguir um novo e bom emprego, em pouco tempo você se encontrará odiando o novo também. Não importa os sentimentos que você tem dentro de si agora, você o carregará para o lugar novo. Se agora você vive em um mundo de descontentamento, você o encontrará em todos os lugares que for. Você deve mudar sua consciência agora, antes que possa ver resultados positivos em sua vida. Então, quando o novo emprego surgir em sua vida, será bom e você o estimará e apreciará.

Portanto, se você odeia o emprego que tem, sua afirmação deve ser: EU SEMPRE AMO ONDE TRABALHO. EU TENHO OS MELHORES EMPREGOS. EU SEMPRE SOU ESTIMADO. Ao afirmar continuamente isso, você está criando uma nova lei pessoal para si. O Universo terá de responder em algo equivalente. A vida sempre pega os canais mais apropriados para trazer o seu bem, se você permitir.

Faça o que você ama

Se você foi criado com a crença de que deve "trabalhar duro" para ganhar a vida, é o momento de deixar essa crença partir. Utilize a afirmação: O TRABALHO É FÁCIL E DIVERTIDO PARA MIM, ou EU APRECIO TODO O MEU TRABALHO. Continue a repetir sua afirmação até sua consciência mudar. Faça o que você ama e o dinheiro virá. Você tem direito de gostar de ganhar dinheiro. Sua responsabilidade com a Vida é participar de atividades agradáveis. Assim que encontrar uma maneira de fazer algo de que gosta, a Vida lhe mostrará o caminho para a prosperidade e a abundância. Quase sempre, essa atividade é divertida e alegre. Nosso guia interior nunca nos dá "dever". O objetivo da Vida é brincar. Quando o trabalho se torna uma brincadeira, é divertido e recompensador. Atitudes negativas em relação ao trabalho criam toxinas no corpo.

Se você foi demitido, por favor, supere a amargura o mais rápido que puder, pois esse sentimento não trará o bem para sua vida. Afirme frequentemente: EU ABENÇOO MEU ANTIGO

CHEFE COM AMOR. FORA DISSO, APENAS O BEM VIRÁ. EU AGORA ESTOU MUDANDO PARA MEU BEM MAIOR. ESTOU SEGURO E TUDO ESTÁ BEM. Então, use a afirmação para criar um emprego novo.

Não é o que acontece a nós, mas como lidamos com isso. Se a Vida lhe dá limões, faça limonada. Se os limões estiverem podres, então remova as sementes e as plante para que nasçam novos limões. Ou você pode fazer fertilizante.

Às vezes, quando nos aproximamos muito de nossos sonhos, ficamos tão assustados em ter o que realmente queremos que começamos a nos sabotar. Por mais difícil que seja imaginar, estamos fazendo isso em um esforço equivocado de nos protegermos. Dando um passo tão grande, tendo o emprego ideal, ganhando realmente um bom dinheiro pode ser muito assustador de aceitar. E se eu falhar? E se as pessoas não gostarem de mim? E se eu não estiver feliz?

Essas perguntas representam a parte de você que está muito assustada com a realização de seus sonhos. Com frequência, sua criança interior é a chave para seus medos. É tempo de ser muito amável, paciente e gentil consigo. Reafirme sua criança interior, ame-a e faça-a se sentir segura. Um livro maravilhoso que pode auxiliá-lo em acessar os medos e sentimentos interiores é o de Lucia Capaccione, *Recovery of Your Inner Child*. O livro utiliza técnicas de diário para promover a cura e a libertação. Apenas lembre-se de dizer com frequência: EU ESTOU SEGURO NO UNIVERSO, E TODA A VIDA ME AMA E ME APOIA.

Seus pensamentos podem ajudá-lo a criar o trabalho perfeito

Não se prenda à crença de que é difícil conseguir um emprego. Isso pode ser verdade para muitos, mas não tem de ser verdade para você. Você apenas precisa de um emprego. Sua consciência limpa abrirá o caminho para você. Muitas pessoas têm muita fé no medo. Quando há uma mudança na economia, as massas imediatamente adquirem todos os aspectos negativos e falam constantemente e dão importância a isso. Aquilo que você dá importância e aceita na consciência torna-se verdade para você.

Quando você ouvir tendências negativas nos negócios ou na economia, imediatamente afirme: PODE SER VERDADE PARA ALGUNS, MAS NÃO É VERDADE PARA MIM. EU SEMPRE PROSPERO, NÃO IMPORTA ONDE ESTEJA OU O QUE ESTÁ ACONTECENDO. Quando pensa e fala, criar suas experiências futuras. Seja cuidadoso com o modo com que fala sobre sua prosperidade. Você sempre tem a opção de escolher pensamentos pobres ou pensamentos prósperos. Pelo menos durante a semana seguinte, observe como você fala de dinheiro, trabalho, carreira, economia e aposentadoria. Ouça a si mesmo. Certifique-se de que as palavras não estejam criando pobreza agora ou no futuro.

Outra coisa que pode contribuir ao pensamento pobre é a desonestidade, em qualquer forma. Muitas pessoas consideram normal e natural levar clipes de papel e outros materiais do escritório ou de qualquer lugar em que trabalhem. Eles se esquecem ou não têm conhecimento de que sempre que você RETIRA da Vida, a Vida RETIRARÁ de você. Retirar mesmo pequenas coisas é dizer à Vida que você não consegue comprá-las para si, e o mantém preso em limitação.

Quando você retira da Vida, a Vida sempre retira mais de você. Você pode pegar clipes de papel e perder uma importante ligação telefônica. Você poderia pegar dinheiro e perder um relacionamento. Na última vez em que peguei algo intencionalmente (em 1976), era um selo de correio, e um cheque de 300 dólares que estava vindo pelo correio para mim extraviou-se. Foi uma maneira cara de aprender uma lição, mas de grande valia a longo prazo. Então, se dinheiro é um grande problema para você, olhe para onde você pode estar interrompendo o fluxo. Se você pegou um punhado de coisas do escritório, devolva. Você nunca prosperará até fazê-lo.

A vida fornece de maneira abundante tudo o que é necessário para se sustentar. Quando reconhecemos esse conceito e o incorporamos a nosso sistema de crenças, então vivenciamos maior prosperidade e abundância em nossas vidas.

Talvez você esteja pensando em abrir seu próprio negócio; você gosta da ideia de ser seu próprio chefe e receber todos os lucros. Isso é ótimo se você tem o temperamento correto. Mas simplesmente não largue o emprego e ataque por conta própria até realmente ter explorado todas as questões secundárias. Você consegue se motivar a trabalhar se ninguém fica em cima de você? Está disposto a colocar de 10 a 12 horas diárias necessárias para trabalhar, durante o primeiro ano? Novos negócios precisam da dedicação do dono até que haja lucro suficiente para contratar alguma ajuda. Eu trabalhei durante dez horas diárias, sete dias por semana, por um longo período.

Eu sempre sugiro iniciar um novo negócio de meio período. Trabalhe nesse projeto após horas de trabalho normais e aos fins de semana, até ter certeza de que é isso que quer fazer. Certifique-se de que o negócio esteja lucrando o suficiente para você viver antes de cortar os laços com um salário regular. Eu iniciei minha editora com um livro e uma fita. Trabalhei em um quarto com minha mãe de 90 anos me ajudando. Nós empacotávamos livros e fitas à noite. Levaram dois anos até que eu tivesse lucro suficiente para contratar um assistente. Foi uma ocupação secundária, mas passou-se muito tempo até a Hay House se tornar um verdadeiro negócio.

Então, quando você sentir as primeiras inclinações de querer abrir um negócio por conta própria, utilize a afirmação: SE ESTE EMPREENDIMENTO É PARA MEU BEM MAIOR E ALEGRIA SUPERIOR, ENTÃO DEIXE-O PROGREDIR FACILMENTE E SEM ESFORÇO. Preste atenção a todos os sinais ao seu redor. Se atrasos e obstáculos surgirem, saiba que esse não é o momento de você ir adiante. Se tudo se encaixa facilmente, então siga em frente, mas em meio período, para começar. Você sempre pode expandir, mas às vezes é difícil recuar.

Se você estiver preocupado com chefes, colegas de trabalho, clientes, o espaço de trabalho, o prédio ou qualquer aspecto de seu novo negócio, lembre-se de que você é aquele que está fazendo leis pessoais para si em relação à sua carreira. Mude suas crenças e você mudará sua vida profissional.

Lembre-se: *você* decide como quer que sua vida profissional seja. Crie afirmações positivas para alcançá-la. Então, declare estas afirmações com frequência. Você PODE ter a vida profissional que quiser!

AFIRMAÇÕES PARA MELHORAR SUA VIDA PROFISSIONAL

EU SEMPRE TRABALHO PARA PESSOAS QUE ME RESPEITAM E ME PAGAM BEM.

EU SEMPRE TENHO CHEFES MARAVILHOSOS.

EU ME DOU BEM COM TODOS OS MEUS COLEGAS DE TRABALHO, EM UMA ATMOSFERA DE RESPEITO MÚTUO.

TODOS NO TRABALHO ME AMAM.

EU SEMPRE ATRAIO OS CLIENTES MAIS LEGAIS, E É UMA ALEGRIA SERVI-LOS.

MEU ESPAÇO DE TRABALHO É PRAZEROSO DE SE ESTAR.

EU AMO A BELEZA QUE ME CERCA NO TRABALHO.

É UM PRAZER VIR PARA O TRABALHO; EU AMO A VIZINHANÇA AGRADÁVEL E SEGURA.

É FÁCIL PARA EU ENCONTRAR EMPREGOS.

O TRABALHO SEMPRE CRUZA O MEU CAMINHO QUANDO EU QUERO.

EU SEMPRE DOU 100% NO TRABALHO, E ISSO É MUITO APRECIADO.

PROMOÇÕES VÊM FACILMENTE ATÉ MIM.

MINHA RENDA ESTÁ AUMENTANDO CONSTANTEMENTE.

MEU NEGÓCIO ESTÁ EXPANDINDO ALÉM DE MINHAS EXPECTATIVAS.

EU ATRAIO MAIS NEGÓCIOS DO QUE CONSIGO DAR CONTA.

HÁ MUITO PARA TODOS, INCLUSIVE PARA MIM.

MEU TRABALHO É GRATIFICANTE E SATISFATÓRIO.

EU ESTOU FELIZ EM MEU TRABALHO.

EU TENHO UMA ÓTIMA CARREIRA.

ESTOU SEGURO NO MUNDO DOS NEGÓCIOS

Eu sei que os pensamentos em minha mente têm tudo a ver com as condições de trabalho, então conscientemente escolho meus pensamentos. Meus pensamentos são incentivadores e positivos. Escolho pensamentos de prosperidade; por isso, sou próspero. Eu trabalho em uma atmosfera harmoniosa. Amo acordar pela manhã sabendo que eu tenho trabalho importante para fazer hoje. Tenho trabalho desafiador que é profundamente gratificante. Meu coração incandesce de orgulho quando penso no trabalho que realizo. Estou SEMPRE empregado, sempre produtivo. A Vida é boa. E assim seja!

Capítulo Seis

Corpo... Mente... ESPÍRITO!

*"Estou progredindo em meu caminho
espiritual no ritmo que é adequado a mim."*

Confie em sua sabedoria interior

No CENTRO DE SEU SER há um poço infinito de amor, um poço infinito de alegria, um poço infinito de paz e um poço infinito de sabedoria. Isso é verdadeiro para todos e para cada um de nós. Mas com que frequência entramos em contato com esses tesouros dentro de nós? Fazemo-nos uma vez por dia? De vez em quando? Ou estamos totalmente inconscientes de que temos esses tesouros interiores?

Apenas por um momento, feche os olhos e se conecte com essa parte de você. É necessária apenas uma respiração para você chegar ao seu centro. Vá àquele poço infinito de amor dentro de você. Sinta o amor. Deixe-o crescer e expandir. Vá àquele poço infinito de alegria dentro de você. Sinta a alegria. Deixe-o crescer e expandir. Agora vá àquele poço infinito de paz dentro de você. Sinta essa paz. Deixe-a crescer e expandir. Agora vá àquele poço infinito de sabedoria, aquela sua parte que está totalmente ligada a toda a sabedoria do Universo – passado, presente e futuro. Confie nessa sabedoria. Deixe-a crescer e expandir. Enquanto respira novamente e retorna a seu lugar, mantenha o conhecimento, mantenha o sentimento. Muitas vezes hoje e muitas vezes amanhã, e em todos os dias de sua vida lembre-se dos tesouros que estão sempre dentro de você – e apenas respire.

Esses tesouros são parte de sua ligação espiritual e são essenciais ao seu bem-estar. Corpo, mente e espírito – precisamos estar equilibrados em todos os três níveis. Um corpo saudável, uma mente feliz e uma ligação espiritual boa e forte são todos necessários para nosso equilíbrio geral e harmonia.

Um dos maiores benefícios de uma ligação espiritual forte é que podemos ter vidas maravilhosas, criativas e gratificantes. E automaticamente soltaremos os tantos fardos que a maioria das pessoas carrega.

Nós não precisaremos mais ter medo ou carregar a vergonha ou a culpa. Assim que sentirmos nossa unidade com toda a vida, renunciaremos à raiva e ao ódio, ao preconceito e à necessidade de ser julgado. Quando nos tornamos unos com o poder curativo do Universo, não mais precisaremos da do-ença.

E, acredito que seremos capazes de reverter o processo de envelhecimento. Os fardos são o que nos envelhecem; eles arrastam nossos espíritos para baixo.

Nós podemos mudar o mundo

Se cada um de nós que estiver lendo este livro praticasse entrar em contato com os tesouros dentro de nós diariamente, poderíamos literalmente mudar o mundo. As pessoas que vivem na verdade mudam o mundo, pois a verdade de nosso ser é que somos repletos de amor incondicional. Somos preenchidos com alegria inacreditável. Somos repletos de paz serena. Estamos ligados à sabedoria infinita.

O que precisamos fazer é tomar conhecimento e viver isso! Hoje estamos nos preparando mentalmente para o amanhã. Os pensamentos que temos, as palavras que expressamos, as crenças que aceitamos formam nosso futuro. Todas as manhãs, fique em frente de um espelho e afirme para si: ESTOU REPLETO DE AMOR INCONDICIONAL E EU O EXPRESSO HOJE. ESTOU CHEIO DE ALEGRIA E A EXPRESSO HOJE. ESTOU CHEIO DE PAZ E A EXPRESSO HOJE. ESTOU REPLETO DE SABEDORIA INFINITA E EU A EXPRESSO HOJE. E ESSA É A VERDADE A MEU RESPEITO. Essa é agora uma maneira poderosa de começar seu dia! Você consegue.

Lembre-se, nossa ligação espiritual não necessita de um intermediário, como uma igreja, um guru ou até uma religião. Podemos rezar e meditar com muita facilidade por conta própria. Igrejas, gurus e religiões são bons se derem apoio ao indivíduo. Porém, é importante que saibamos que todos temos uma fonte de informações direta a essa fonte, nossa vida flui de maneiras extraordinárias.

Então, como nos tornamos conectados ou reconectados, pois éramos todos bem conectados quando viemos pela primeira vez a este mundo. Talvez nossos pais tenham perdido sua própria ligação e nos ensinou que estávamos sozinhos e perdidos na vida. Talvez os pais de nossos pais tenham escolhido uma religião que dava força ao clero, e não ao povo. Há muitas religiões que nos dizem: "Nascemos pecadores e inferiores aos vermes da poeira". Também há religiões que denigrem as mulheres e/ou determinadas classes ou grupos de pessoas. Essas são algumas das maneiras com as quais esquecemos de quem realmente somos – expressões da Vida magníficas e divinas.

Não obstante, nossas mentes estão sempre buscando crescimento e integração, uma oportunidade para curar e expressar tudo o que somos. Às vezes é difícil compreender os métodos que nossas mentes utilizam para promover nosso crescimento. Nossas personalidades, a parte de nós que assumimos para participar do plano terrestre, apresentam certas expectativas e necessidades. Tornamo-nos amedrontados, resistentes e às vezes furiosos quando nossas expectativas, por exemplo, progressos materiais, não são imediatamente alcançados. É nesses momentos, mais do que em outro qualquer, que devemos nos prender rapidamente à nossa fé de que há uma força superior agindo em nossas vidas e que, se estivermos abertos e dispostos a progredir e mudar, essas coisas se realizarão para nosso bem maior.

Geralmente, nossos momentos mais dolorosos, as ocasiões que violentam nossa personalidade ao máximo, são os instantes que nos proporcionam as maiores oportunidades de crescimento. Essa se torna uma ocasião para você desenvolver um amor-próprio maior e mais autoconfiança. Pode confortá-lo ou não saber que muitas pessoas estão aparentemente vivenciando contratempos em suas vidas também. Estamos em lugar de crescimento acelerado neste planeta. Agora, mais do que nunca, é o momento de amar mais e ser mais paciente consigo. Não resista a nenhuma oportunidade de crescimento. Em tempos de dificuldade, pratique a gratidão e a bênção o tanto quanto for capaz.

A dor é sempre a resistência de nossa personalidade a novo crescimento. Todos somos muito resistentes a mudar, pois não temos muita confiança de que, enfim, a Vida está trabalhando perfeitamente e estamos exatamente onde precisamos estar, vivenciando exatamente o que precisamos, a fim de crescer e desenvolver nosso potencial completo como um ser maravilhoso em um Universo magnífico. Estamos sempre no processo de crescimento positivo.

Acontecimentos em nossas vidas são apenas experiências. Nossas experiências não são nossa identidade ou nosso autovalor. Nós não queremos nos concentrar na experiência. Por exemplo, não queremos dizer: "Sou um fracasso", e sim "Eu tive a experiência do fracasso e agora estou em recuperação". Crescimento é simplesmente mudar a maneira na qual observamos as coisas.

A vida é um processo de aprendizado. Estamos aqui para aprender e crescer. Não ter conhecimento não é crime. Não ter conhecimento é simplesmente ignorância ou carência de compreensão. Portanto, não queremos nos julgar ou aos outros por não saberem. A vida sempre será maior do que nossa habilidade em agarrá-la. Estamos todos em processo de aprendizado, crescimento e obtenção de mais compreensão. Por isso, nós nunca "saberemos tudo".

Ficar calmo e ir para dentro de si nos ajuda a encontrar as respostas de que necessitamos para este momento de nossas vidas. Quando pedimos ajuda, é nosso eu interior que responde.

Conectando-se por meio da meditação

Entrar em contato com os tesouros interiores é uma maneira de se conectar com a fonte de Vida, pois dentro de você estão todas as respostas para todas as perguntas que você faz. Sabedoria passada, presente e futura está disponível para você. A fonte de Vida sabe tudo. Algumas pessoas chamam esse processo de ligação de *meditação*.

A meditação é um processo tão simples, mas que ainda há muita confusão a respeito. Algumas pessoas têm medo de meditar porque acreditam que seja assustador ou estranho, ou que tenha algo a ver com o oculto. Nós geralmente temos aquilo que não compreendemos. Outras pessoas ainda lamentam não conseguir meditar porque estão sempre pensando. Bem, pensar é a natureza da mente, você nunca conseguirá desligar a mente por completo. Continuar a prática da meditação regularmente ajudará a aquietar sua mente. Meditação é uma maneira de passar por cima da agitação da alma para ir aos níveis mais profundos, conectar-se com a sabedoria interior.

Somos dignos de dedicar um tempo diariamente para entrar em contato com a voz interior, ouvir as respostas que vêm do mestre interior. Se não o fizermos, só estaremos operando em 5 a 10% do que realmente está disponível para nós.

Há muitos métodos para aprender a meditar. Há todos os tipos de aulas e livros. Poderia ser tão simples quanto sentar-se em silêncio com os olhos fechados durante um curto período. Você pode seguir estes passos se estiver apenas começando a meditar:

- Você pode se sentar em silêncio. Feche os olhos, respire profundamente, relaxe o corpo e então apenas se concentre em sua respiração. Preste atenção à sua respiração. Não tente respirar de um modo especial. Apenas esteja ciente de como está respirando. Você perceberá que, após alguns minutos, sua respiração diminuirá. Isso é normal e natural, à medida que seu corpo relaxar.
- Geralmente ajuda contar enquanto respira. Um na inspiração, dois na expiração. Três na inspiração e quatro na expiração. Continue dessa maneira até chegar ao dez. Então recomece no um. Após fazer isso por um momento, você pode descobrir sua mente vagando em um jogo de futebol ou em sua lista de compras. Tudo bem. Quando você perceber que não está contando, apenas recomece novamente no um e continue a contagem. O passeio da mente acontecerá muitas vezes. A cada vez, suavemente retorne à simples rotina de contagem. Isso é tudo.

Essa forma simples de meditação acalma a mente e o corpo e ajuda a criar a ligação com sua sabedoria interior. Os benefícios da meditação são cumulativos. Quanto mais você meditar, por mais tempo continuará meditando e melhor fica. Você se encontrará mais tranquilo durante o dia quando estiver apenas fazendo suas coisas normais. E, se uma crise surgir, você lidará com ela de maneira calma.

Eu geralmente sugiro que as pessoas comecem apenas com cinco minutos de sentar-se, respirar e contar, ou qualquer forma de meditação que escolher. Faça isso um ou dois dias por semana. Então você pode progredir para fazê-lo por cinco minutos, duas vezes por dia – a primeira coisa de manhã e no início da noite. Talvez você possa tentar meditar logo após o trabalho ou quando chegar em casa, à noite. O corpo e a mente amam rotina. Se você conseguir fazer sua meditação mais ou menos na mesma hora todos os dias, os benefícios aumentarão.

Não espere que aconteça muita coisa no primeiro mês. Apenas pratique. Sua mente e seu corpo estão se ajustando a um novo ritmo, um novo senso de tranquilidade. É difícil sentar-se quieto no início, e se você fica espiando o relógio, utilize um cronômetro. Após alguns dias, seu corpo se ajustará ao período de tempo e você pode descartar o cronômetro.

Seja gentil consigo mesmo enquanto aprender a meditar. Não importa o que faça, VOCÊ NÃO ESTÁ FAZENDO NADA ERRADO. Você está aprendendo uma nova habilidade. Ficará cada vez mais fácil. E em período relativamente curto de tempo, seu corpo ansiará pelos momentos de meditação.

O período ideal para praticar meditação é 20 minutos pela manhã e 20 minutos ao fim da tarde ou início da noite. Não fique desencorajado se demorar algum tempo para se desenvolver até essa quantidade de meditação. Apenas faça o que conseguir. Cinco minutos TODOS OS DIAS é melhor do que vinte uma vez por semana.

Muitas pessoas utilizam um mantra. Essa pode ser uma palavra em sânscrito como *om* ou *hu*, ou uma palavra tranquilizadora, como *amor* ou *paz*, ou duas palavras. Em vez de contar sua respiração, você usaria o mantra/palavra na inspiração e expiração. Você pode escolher duas ou três palavras para ser seu mantra, como "Eu sou" ou "Deus é" ou "Eu sou amor" ou "Tudo está bem". Utilize uma ou duas palavras na inspiração e a outra palavra na expiração. Harold Benson, o autor de *The Relaxation Response*, fez com que as pessoas utilizassem a palavra *um* enquanto meditam, que também produz resultados ótimos em você.

Muitas aulas de ioga comunitárias começam e terminam com uma pequena meditação. Essas aulas são geralmente baratas e você pode aprender uma série de exercícios de alongamento suaves que são muitos benéficos ao corpo. Se você for à loja de produtos naturais de sua cidade ou ao centro comunitário, tenho certeza de que encontrará mais do que uma aula de meditação ou ioga listada em seus quadros de avisos.

Igrejas da Ciência Religiosa geralmente dão aulas de meditação. Grupos de idosos e até alguns hospitais possuem aulas de meditação. Se visitar as livrarias ou bibliotecas em seu bairro, descobrirá que existem muitos livros sobre meditação, alguns mais fáceis de compreender do que outros.

Programas de saúde, como o dr. Dean Ornish's Healthy Heart Program e o dr. Deepak Chopra's Body, Mind & Spirit Program, também incluem meditação como parte importante do processo de bem-estar.

Mas não importa onde ou como você aprende a meditar, qualquer que seja o método com que começar, você em tempo desenvolverá sua própria forma de meditação. Sua sabedoria interior e inteligência subitamente alterará seu processo até se tornar adequado a você.

A meu respeito, comecei a meditar muitos anos atrás, utilizando um mantra. Pelo fato de eu estar muito nervosa e assustada na ocasião, toda vez em que meditava tinha dor de cabeça. Isso durou três semanas. À medida que meu corpo e minha mente começaram a relaxar, talvez pela primeira vez em minha vida, as dores de cabeça cessaram. Eu tenho meditado desde então e frequentei muitas aulas durante anos. Cada uma delas oferece um método um pouco diferente de meditação. Todos os métodos têm benefícios, embora possam não ser adequados a você.

Como tudo mais na vida, encontre o método de meditação que funciona melhor para você. Pode escolher mudar os métodos com o passar dos anos. E eu tenho certeza de que você mudará.

Lembre-se, meditação é simplesmente uma maneira de entrar em contato com seu próprio guia interior. Enquanto estivermos sempre conectados com esse guia, com o passar dos dias, é mais fácil para nós nos conectarmos conscientemente quando nos sentamos silenciosamente e escutamos.

Como eu medito

Minhas rotinas pessoais realmente mudam de tempos em tempos. Atualmente, sempre medito pela manhã; é a melhor maneira para eu iniciar meu dia. Geralmente medito à tarde, mas não sempre. Minha meditação matinal é feita geralmente sentada na cama. Eu fecho meus olhos e respiro uma ou duas vezes conscientemente. Então digo em silêncio: "O que eu preciso saber?" ou: "Este é o início de um dia bom". Então me permito entrar no silêncio e simplesmente permanecer assim. Às vezes perceberei minha respiração e, às vezes, não. Às vezes noto pensamentos e, quando o faço, apenas os observo. Eu devo admitir a mim mesma: "Ó, esse é um pensamento preocupado, ou esse é um pensamento sobre trabalho, ou esse é um pensamento agradável". Eu simplesmente deixo os pensamentos passarem.

Após cerca de 20 ou 30 minutos, quando intuitivamente sei que é hora de concluir, respiro profundamente. Então faço uma espécie de tratamento ou oração, a qual digo em voz alta. Talvez possa ser algo assim:

"Há uma força infinita no Universo, e ela está exatamente onde estou. Não estou perdido, sozinho, abandonado ou desamparado. Eu estou unido à força que me criou. Se há alguma crença dentro de mim que negar essa verdade, então a apago aqui e agora mesmo. Eu sei que sou uma Expressão de Vida Divina e Magnífica. Estou unido à Sabedoria Infinita, ao Amor e à Criatividade. Eu sou um exemplo de saúde e energia vibrantes. Eu estou amando e sou amado. Eu estou tranquilo. Este dia é uma expressão gloriosa da Vida. Cada experiência que tenho é alegre e agradável. Eu abençoo meu corpo, meus animais de estimação, minha casa, meu trabalho e cada pessoa que entrar em contato comigo hoje com Amor Divino. Este é um ótimo dia e eu me alegro! E assim seja!"

Então abro meus olhos, levanto-me e aprecio meu dia!

AFIRMAÇÕES ESPIRITUAIS

(Talvez você não tenha aprendido a se sentir conectado ainda. Bem, afirmações podem ajudar nesse setor. Você pode dizer todas as seguintes diariamente, ou apenas selecionar uma ou duas para usar até desenvolver alguma quietude e conhecimento interior dentro de você.)

EU TENHO UMA LIGAÇÃO ESPIRITUAL FORTE.

EU ME SINTO UNO COM TUDO NA VIDA.

EU ACREDITO EM UM DEUS AMÁVEL.

A VIDA ME APOIA EM CADA TRANSFORMAÇÃO.

EU CONFIO QUE A VIDA ESTEJA LÁ PARA MIM.

O PODER QUE CRIOU O MUNDO FAZ MEU CORAÇÃO BATER.

EU SOU DIVINAMENTE GUIADO EM TODAS AS OCASIÕES.

EU TENHO UM ANJO DA GUARDA ESPECIAL.

EU SOU DIVINAMENTE PROTEGIDO EM TODAS AS OCASIÕES.

A VIDA/DEUS ME AMAM.

EU ESTOU SEGURO AONDE QUER QUE EU VÁ.

❦ ❦ ❦

A Vida é meu auxílio em todas as necessidades

A Vida alimenta todos os meus desejos

A Vida anda ao meu lado

Guia meu caminho

Em cada momento do dia.

Tudo o que sou, posso fazer e ser

É porque a Vida me ama.

❦ ❦ ❦

Capítulo Sete

Idosos de Excelência

"Que idade você teria se não soubesse quantos anos tem?"

– Dr. Wayne W. Dyer

Minhas crenças acerca do envelhecimento

Por gerações, permitimos que os números correspondentes a quantos anos estamos no planeta nos dissesse como nos sentir e comportar. Assim como em qualquer outro aspecto da vida, o que aceitamos mentalmente e acreditamos torna-se verdade para nós. Bem, é tempo de mudarmos nossas crenças acerca do envelhecimento. Quando olho ao redor e vejo pessoas mais velhas frágeis, doentes e assustadas, falo para mim mesma: "Não tem de ser dessa maneira". Muitos de nós aprendemos que, ao mudar nosso pensamento, conseguimos modificar nossas vidas. Portanto, sei que podemos fazer com que o envelhecimento seja uma experiência positiva, vibrante e saudável.

Agora estou em meu 85º ano e sou uma garota grande, forte e saudável. De muitas maneiras, sinto-me mais jovem do que aos 30 ou 40 anos, pois não sinto mais as pressões de me conformar com certos padrões impostos pela sociedade. Sou livre para fazer o que quiser. Eu não busco mais a aprovação de ninguém, tampouco me importo com o que alguém fala a meu respeito. Eu me agrado com muito mais frequência. A pressão igualmente se tornou definitivamente menos importante. Em outras palavras, pela primeira vez em minha vida estou me colocando em primeiro lugar. E isso é bom.

Houve um tempo em que permiti que a mídia e as chamadas figuras autoritárias ditassem meu comportamento, fizessem julgamentos a respeito do que eu vestia e de quais produtos comprar. Naquela época, eu acreditava verdadeiramente que, se não utilizasse todos os produtos que eram anunciados, eu não seria "aceitável". Um dia, percebi que utilizar todos esses produtos apenas me faziam aceitável por um dia. No dia seguinte, eu tinha que recomeçar; lembro-me de passar horas intermináveis arrancando minhas sobrancelhas para ser aceitável. Tudo isso me parece muito banal nesta altura da minha vida.

Envelhecendo com sabedoria

Parte da sabedoria é saber o que é correto para nós, apegando-nos a essas crenças e então libertando de todo o restante. Não quero dizer que um desejo nunca explora algo novo. Precisamos aprender a crescer o tempo todo. O que realmente quero dizer é que é importante separar a "necessidade" da "publicidade" e tomar nossas próprias decisões. Tome suas próprias decisões a respeito de *tudo*, inclusive de qualquer coisa que falei neste livro. Enquanto eu sentir que minhas ideias são de grande valia, você tem todo o direito de descartar cada uma delas. Apenas adote o que funcionar melhor para você.

É um azar que a partir do primeiro momento em que nos escoramos em frente à televisão até a última vez em que ligamos o aparelho sejamos bombardeados com propagandas e conceitos vazios sobre a vida. As crianças pequenas são atingidas como consumidores e espera-se que implorem determinados alimentos e brinquedos a seus pais. Somos informados sobre o que desejar ou o que possuir. Poucos pais ensinam a seus filhos o quanto são falsos os anúncios na televisão, quantas mentiras e exageros eles contêm. Como é possível? Esses pais também foram educados com o sensacionalismo da televisão.

Então, à medida que crescemos, transformamo-nos em consumidores negligentes, comprando o que quer que nos falam para comprar, fazendo qualquer coisa que "eles" nos falam para fazer, e acreditando em todas as figuras autoritárias e em qualquer coisa que vemos na imprensa. Isso é compreensível quando somos crianças, mas como adultos precisamos examinar e questionar tudo. Se algo não faz sentido para nós, se não é nosso bem maior, então não é correto para nós. A sabedoria é aprender quando dizer não às pessoas, aos lugares, às coisas e às experiências que não nos beneficiam. Sabedoria é a habilidade em examinar nossos sistemas de crenças e nossos relacionamentos, para nos certificarmos de que o que estamos fazendo ou aceitando é para nosso bem maior.

Por que eu compro esse produto? Por que eu trabalho nesse emprego? Por que tenho esses amigos? Por que escolhi essa religião? Por que vivo aqui? Por que acredito nisso a meu respeito? Por que encaro a vida dessa maneira? Por que me sinto dessa maneira em relação aos homens/mulheres? Por que eu temo ou anseio por meus anos posteriores? Por que eu voto do modo que faço?

Suas respostas o fazem se sentir bem em relação a você mesmo e à Vida? Você faz coisas de determinada maneira apenas porque esse é o modo com que sempre o fez, ou é essa a maneira com que seus pais o ensinaram a fazer?

O que você está ensinando a seus filhos acerca do envelhecimento? Qual é o exemplo que está dando a eles? Eles enxergam uma pessoa dinâmica e amável apreciando cada dia e ansiando pelo futuro? Ou você é uma pessoa amarga e assustada, receando pela sua velhice e esperando estar doente e sozinho? NOSSOS FILHOS APRENDEM CONOSCO! E o mesmo se aplica a nossos netos. Que tipo de velhice você quer ajudá-los a visionar e criar?

Aprenda a amar quem você é e onde você está, e progredirá, desfrutando cada e todo momento de sua vida. Esse é o exemplo que deseja ensinar a seus filhos, de modo que eles também possam desfrutar de vidas felizes e maravilhosas até o fim.

Aprendendo a amar seu corpo

A criança que não se sente bem em relação a seu corpo buscará motivos para odiá-lo. Por causa da intensa pressão colocada sobre nós pelo mundo da propaganda, geralmente acreditamos que há algo errado com nossos corpos. Se pudéssemos ser magros o suficiente, loiros o suficiente e altos o suficiente, se nossos narizes fossem maiores ou menores, se tivéssemos um sorriso mais encantador – essa lista vai longe. Então, enquanto somos todos jovens em um ponto, poucos de nós sequer esteve à altura dos padrões de beleza atuais.

O culto à juventude que criamos somou-se ao desconforto com o qual julgamos nossos corpos, sem mencionar nosso medo de rugas. Vemos cada mudança em nosso rosto e corpo como algo a ser desdenhado. Que pena! Que maneira terrível de nos sentirmos em relação a nós mesmos. E ainda é apenas um pensamento, e um pensamento pode ser modificado. A maneira que escolhemos perceber nossos corpos e a nós mesmos é um conceito aprendido. A crença no envelhecimento unido ao sentimento de ódio a si mesmo que tantas pessoas apresentam fez com que nossa expectativa de vida fosse de menos de 100 anos. Estamos no processo de descobrir os pensamentos, sentimentos, atitudes, crenças, intenções, palavras e ações que nos permitem ter vidas mais longas e saudáveis.

Gostaria de ver todos amando e valorizando seus eus magníficos, por dentro e por fora. Se você não se sentir bem em relação a uma parte de seu corpo, pergunte a você mesmo por quê. De onde você tirou essa opinião? Alguém disse a você que seu nariz não era reto o suficiente? Quem disse a você que seus pés eram grandes demais ou que seu busto era pequeno demais? Quais padrões você está seguindo? Ao aceitar tais conceitos, você está injetando raiva e ódio em seu próprio corpo. O fato triste da questão é que as células de nossos corpos não conseguem fazer seu melhor trabalho se estiverem rodeadas pelo ódio.

É o mesmo que você ir ao trabalho todos os dias e seu chefe odiá-lo. Você nunca estaria confortável nem conseguiria fazer um trabalho bom. No entanto, se você trabalhar em uma atmosfera de amor e aprovação, sua criatividade pode florescer de maneiras que o surpreenderá. Suas células respondem à maneira com que você se sente a respeito delas. Cada pensamento que temos gera uma reação química em nossos corpos. Podemos envolver nossas células em uma atmosfera curativa ou podemos gerar reações venenosas dentro de nós. Eu percebi que, quando as pessoas adoecem, geralmente direcionam raiva à parte afetada do corpo. E o resultado? O processo de cura é retardado.

Então, você consegue ver o quanto é decisivo para nosso próprio bem-estar constantemente amar e apreciar os seres magníficos que somos. Nosso corpo (nosso envoltório de pele, como os chineses dizem), ou o traje que escolhemos vestir nesta existência, é uma invenção maravilhosa. É simplesmente perfeito para nós. A inteligência dentro de nós bate nossos corações, fornece respiração a nosso corpo e sabe curar um corte ou um osso fraturado. Tudo o que acontece em nosso corpo é milagroso. Se honrássemos e apreciássemos cada parte de nossos corpos, nossa saúde então melhoraria muito.

Se há alguma parte de seu corpo com a qual não está feliz, então tire um mês e coloque amor continuamente nessa região. Literalmente diga a seu corpo que você o ama. Você pode até se desculpar por tê-lo odiado no passado. Esse exercício pode soar simplista, mas funciona. Ame a si por dentro e por fora.

O amor que você cria para si agora permanecerá com você pelo restante de sua vida. Exatamente como aprendemos a odiar a nós mesmos, então também podemos aprender a nos amar.

É necessário apenas boa vontade e um pouco de prática.

Sentir-se vital e energético é muito mais importante para mim do que uma ruga ou duas, ou até mais. A editora da revista *Cosmopolitan,* Helen Gurley Brown, mostrou não muito tempo atrás, e eu a ouvi dizer repetidas vezes: "Envelhecer é a ruína! É a ruína! Odeio envelhecer!". Eu não pude deixar de pensar: que afirmação terrível para repetir. Minha sugestão seria afirmar: EU AMO MINHA VELHICE. SÃO OS MELHORES ANOS DE MINHA VIDA.

Libertando as enfermidades e do-enças

Durante muito tempo, as pessoas desconheciam que seus pensamentos e ações tinham alguma relação com a saúde ou a falta dela. Atualmente, até os médicos estão começando a admitir a ligação corpo/mente. Dr. Deepak Chopra, autor do *best-seller Ageless Body, Timeless Mind*, foi convidado pelo Sharp Hospital, uma instituição proeminente da Costa Oeste que realiza tratamento holístico para do-ença cardíaca, e endossado pela Mutual of Omaha Insurance Company. Essa empresa enorme agora permite que seus clientes recebam tratamento com seu plano. Eles reconheceram que é muito menos caro pagar uma estadia de uma semana na clínica do dr. Ornish do que pagar uma cirurgia de coração aberto.

Essa cirurgia é muito cara, de 50 a 80 mil dólares por procedimento. O que muitas pessoas não se dão conta é que essa cirurgia apenas desobstrui as artérias por pouco tempo. A cirurgia por *by-pass* não é uma solução a longo prazo, a menos que mudemos nossa maneira de pensar e nossa dieta. Poderíamos ter feito isso desde o princípio e evitado toda a dor, sofrimento e gastos. Queremos amar e cuidar de nossos corpos. Drogas e cirurgia não os fazem sozinhos.

Nos próximos anos, eu prevejo o advento de clínicas para o corpo/mente em hospitais em todo o país, com companhias de seguro dispostas a pagar esses tratamentos. Aqueles que mais se beneficiarão são as pessoas que aprendem a cuidar de sua própria saúde. Eles descobrem o que significa ser verdadeiramente saudável. Vejo médicos ensinando práticas saudáveis a seus pacientes, em vez de apenas prescrever drogas e cirurgias para do-enças, como eles fazem agora. Temos muitos programas de cuidado a do-enças, mas muito poucos programas de cuidado à saúde. Somos ensinados a como lidar com a do-ença, mais do que como promover a saúde. Acredito que no futuro próximo, a medicina alternativa ou complementar se fundirão à medicina tecnológica para criar verdadeiros programas de bem-estar para todos nós.

Eu considero a saúde como sendo medicina preventiva e cuidados, e não apenas cuidados a do-enças e crises. Um bom plano de cuidado à saúde incluiria educação. Seria ensinado a nós tudo o que contribui para nosso bem-estar. Todos nós poderíamos aprender os princípios da ligação mente/corpo, os valores da nutrição e do exercício, e o uso de ervas e vitaminas. Todos nós poderíamos explorar outras maneiras naturais complementares de gerar bem-estar entre nossa população.

O *USA Today* divulgou em 1993 que 34% da população dos Estados Unidos, ou 80 milhões de pessoas, utilizavam alguma forma de cuidado alternativo à saúde, incluindo tratamento quiroprático. Eles divulgaram que os americanos fizeram mais de 250 milhões de visitas a consultórios quiropráticos de cuidados alternativos à saúde. Muitas dessas visitas resultam do fato de que a profissão médica não atende mais às suas necessidades. Acredito que o número poderia ser muito maior se as empresas de seguro custeassem essas visitas.

Estabelecemos um sistema em que a mutilação e o envenenamento é uma maneira aceita de tratar do-enças, e os modos naturais de cura são considerados não naturais. Um dia todas as seguradoras descobrirão que é muito mais barato para eles pagarem por um tratamento de acupuntura ou nutricional do que por uma visita ao hospital, e também geralmente produzirão melhores resultados.

É o momento para todos nós retirarmos o poder das indústrias médicas e farmacêuticas, pois fomos golpeados pela medicina de alta tecnologia, que é muito cara e que geralmente destrói nossa saúde. É tempo de todos nós, especialmente os idosos, que têm menos tempo, aprendermos a controlar nossos próprios corpos e desenvolvermos boa saúde e, com isso, poupar milhões de vidas e bilhões de dólares.

Você tem consciência de que 50% de todas as falências são provocadas por contas hospitalares, e que a pessoa mediana que dá entrada no hospital com uma do-ença fatal perderá todas as economias de sua vida durante os últimos dez dias em que estiver lá? Definitivamente precisamos fazer algumas modificações no modo com que nosso cuidado à saúde está sendo tratado agora.

Nós PODEMOS controlar nossos próprios corpos

Ficar velho e doente era a norma para a maioria das pessoas em nossa sociedade, mas não tem mais que ser dessa forma. Estamos em um ponto em que podemos assumir o controle de nossos próprios corpos. À medida que aprendermos mais sobre nutrição, chegaremos à conclusão de que o que colocamos em nossos corpos têm muito a ver com o modo com que nos sentimos e parecemos, e se estamos ou não saudáveis. Seremos mais aptos a rejeitar as alegações das propagandas dos fabricantes se descobrirmos que elas não são válidas.

Um programa completo de educação de cuidado à saúde poderia ser lançado e apoiado pelos idosos. Se pudéssemos fazer com que organizações como a American Association of Retired Persons (AARP) – com seus 30 milhões de membros – realmente apoiassem o cuidado à saúde, em vez de cuidados a do-enças, poderíamos fazer grandes mudanças positivas. No entanto, não podemos esperar por elas para que façamos algo. Precisamos aprender tudo o que pudermos a respeito de como lidar com nosso próprio cuidado à saúde atualmente.

Até podermos de fato ensinar as pessoas que elas são as grandes responsáveis por sua saúde e do-ença, não haverá problemas em viver mais. Eu gostaria de ajudar todas as pessoas a entrarem em sua velhice vibrantemente saudáveis.

O medo é muito restritivo

Observo muito medo entre pessoas idosas – medo de mudar, da pobreza, da do-ença, da senilidade, da solidão e, acima de tudo, medo da morte. Eu acredito verdadeiramente que todo esse medo é desnecessário. É algo que foi ensinado a nós, que foi programado dentro de nós. É apenas um padrão de pensamento habitual, e pode ser modificado. Pensamentos negativos são prevalentes entre muitas pessoas em sua velhice e, como resultado, elas vivem descontentes em suas vidas.

É decisivo que sempre tenhamos em mente que o que pensamos ou dizemos torna-se nossas experiências. Como tal, prestaremos atenção em nossos padrões de pensamento e fala, de modo que possamos moldar nossas vidas de acordo com nossos sonhos. Podemos dizer melancolicamente: "Ó, eu queria ter ou poderia ter, ou que eu poderia ser ou seria...", mas aparentemente não usamos as palavras e os pensamentos que realmente podem tornar nossos desejos realidade. Em vez disso, temos todos os pensamentos negativos que conhecemos e nos perguntamos por que nossas vidas não estão caminhando da maneira que gostaríamos. Como mencionei anteriormente, temos cerca de 60 mil pensamentos por dia, e a MAIORIA deles são os mesmos que tivemos ontem ou no dia anterior a esse! Para contrariar essa agitação de pensamentos, todas as manhãs eu digo para mim mesma: "TENHO UMA NOVA COMPREENSÃO DA VIDA. EU AGORA TENHO PENSAMENTOS QUE NUNCA TIVE ANTES, NOVOS PENSAMENTOS CRIATIVOS".

Consequentemente, se você tiver pensamentos temerosos sobre mudar, você pode dizer: EU ESTOU EM PAZ COM OS PADRÕES DE VIDA EM CONSTANTE MUDANÇA E ESTOU SEMPRE EM SEGURANÇA. Se você temer a pobreza, tente: EU ESTOU UNIDO À FORÇA UNIVERSAL DA ABUNDÂNCIA E SEMPRE ME É FORNECIDO ALÉM DE MINHAS NECESSIDADES. Para o medo de do-enças, você pode afirmar: SOU A PERSONIFICAÇÃO DA SAÚDE E DA VITALIDADE, E ME ALEGRO COM MEU BEM-ESTAR. Se você teme ficar senil, diga: ESTOU UNIDO À SABEDORIA E AO CONHECIMENTO UNIVERSAIS, E MINHA MENTE ESTÁ SEMPRE AGUDA E LIMPA. Para solidão: EU ESTOU UNIDO COM CADA UMA E TODAS AS PESSOAS DESTE PLANETA, E EU DOU E RECEBO AMOR CONSTANTEMENTE. Se você teme passar os últimos dias de sua vida em uma casa de repouso, afirme: EU SEMPRE VIVO EM MEU PRÓPRIO LAR, CUIDANDO DE MIM COM FELICIDADE. Para o medo da morte: EU ACOLHO CADA ESTÁGIO DE MINHA VIDA, SABENDO QUE DEIXAR ESTE PLANETA É COMO ABRIR UMA PORTA PARA O AMOR E PARA UMA GLORIOSA EXPERIÊNCIA VINDOURA.

Essas declarações são todas maneiras de retreinar sua mente para uma velhice ainda mais alegre. Se você afirmar essas declarações sempre que pensamentos temerosos surgirem, então, em tempo, esses pensamentos se tornarão verdadeiros para você. À medida que eles se tornarem suas novas verdades, você descobrirá que não apenas sua vida mudará para melhor, mas sua visão sobre o futuro também. É um processo contínuo de crescimento e transformação.

Outra afirmação maravilhosa é: EU SOU SAUDÁVEL E AFORTUNADO.

Encontrando e utilizando os tesouros interiores

Quero auxiliá-lo a criar um ideal de consciência a respeito de sua velhice, ajudando-o a perceber que esses podem ser os anos mais satisfatórios de sua vida. Saiba que seu futuro é sempre brilhante, não importa qual seja sua idade. Considere sua velhice vindoura como seus anos valiosos. Você pode se tornar um IDOSO DE EXCELÊNCIA.

Muitos de vocês agora estão entrando nos níveis dos idosos, e é o momento de enxergar a vida de maneira diferente. Você não tem que viver sua velhice do modo com que seus pais viveram. Você e eu podemos criar uma nova maneira de viver. Podemos mudar todas as regras. Quando avançamos em direção ao futuro, conhecendo e utilizando os tesouros internos, então apenas o bem fica diante de nós. Podemos conhecer e afirmar que tudo o que acontece conosco é para nosso bem maior e alegria mais elevada, acreditando verdadeiramente que não conseguimos errar.

Em vez de simplesmente envelhecer, entregar-se e morrer, vamos fazer uma enorme contribuição à Vida. Temos o tempo, temos o conhecimento e temos a sabedoria para mudar o mundo com amor e poder. A sociedade está enfrentando muitos desafios atualmente. Há muitas questões e problemas de natureza global que exigem nossa atenção.

Queremos reestruturar o modo com que enxergamos os diferentes estágios de nossa vida. De modo interessante, houve um estudo recentemente realizado em uma universidade importante a respeito da meia-idade. Os pesquisadores descobriram que não importa a idade que você acredita que seja a meia-idade, é nesse momento em que seu corpo começará o processo de envelhecimento. Você percebe que o corpo aceita o que a mente decide. Então, em vez de aceitar 45 ou 50 anos como meia-idade, poderíamos facilmente decidir que 75 anos é a nova meia-idade. O corpo aceitará isso prontamente também.

É o envelhecimento e o encurtamento da vida que dizem: "Eu não tenho tempo suficiente". Em vez disso, queremos dizer: "EU TENHO MAIS DO QUE TEMPO, ESPAÇO E ENERGIA SUFICIENTES PARA O QUE É IMPORTANTE".

Nossa expectativa de vida está aumentando desde que fomos criados como uma espécie. Tínhamos vidas muito curtas – primeiramente apenas até meados da adolescência, então até nossos 20 anos, depois 30, então 40. Até a virada deste século, considerava-se velho quem tinha 50 anos. Em 1900, nossa expectativa de vida era de 47 anos. Atualmente aceitamos 80 anos como uma expectativa de vida normal. Por que não realizamos um salto quântico na consciência e fazemos com que o novo nível de aceitação seja de 120 ou 150 anos?!

Sim, é óbvio que precisamos desenvolver saúde, prosperidade, amor, compaixão e aceitação para prosseguir com essa nova expectativa de vida. Quando falo em viver até 120 anos, a maioria das pessoas exclama: "Ah, não! Eu não quero estar doente e pobre durante todos esses anos". Por que nossas mentes imediatamente vão para pensamentos restritivos? Nós não temos de equiparar idade com pobreza, do-ença, solidão e morte. Se isso é o que geralmente vemos por aí agora, é porque isso é o que criamos a partir de nossos sistemas de crença antigos.

Sempre podemos mudar nossos sistemas de crença. Outrora acreditamos que o mundo era plano. Agora, isso não é mais uma verdade para nós. Eu sei que podemos mudar o que pensamos e aceitar como normal. Podemos ter vidas longas que sejam saudáveis, agradáveis, prósperas, sábias e alegres.

Sim, precisamos mudar nossas crenças atuais. Precisaremos modificar as maneiras com que estruturamos nossa sociedade, nossas questões envolvendo a aposentadoria, nosso seguro, nosso cuidado à saúde. Mas *pode* ser feito.

Quero dar esperança a você e inspirá-lo a aprender a curar a si, o que então nos permitirá curar a sociedade. É tempo de restabelecer os idosos para o topo do monte. Como idosos, merecemos estima e honra. Mas, primeiramente, devemos desenvolver autoestima e autovalor. Não é algo que temos de ganhar. É algo que desenvolvemos em nossa própria consciência.

Mudando sua vida

Você tem o poder de alterar sua vida de modo que sequer reconhecerá seu antigo eu. Você pode ir da do-ença à saúde, da solidão ao amor. Você pode ir da pobreza à segurança e realização. Você pode ir da culpa e da vergonha à autoconfiança e ao amor-próprio. Você pode ir de um sentimento de inutilidade ao sentimento de ser criativo e poderoso. Você PODE fazer de sua velhice um período maravilhoso!

É tempo de todos nós sermos tudo o que podemos ser durante nossa velhice. Esse é o futuro pelo qual anseio. Una-se a mim. Vamos iniciar um movimento chamado Idosos de Excelência, de modo que à medida que entrarmos em nossos Anos Preciosos, contribuamos mais com a sociedade, em vez de menos.

Quando iniciei meu trabalho de cura, concentrei-me em ensinar as pessoas a amar a si mesmas, diminuir o ressentimento, perdoar, libertar-se das antigas crenças e padrões limitados. Isso foi maravilhoso e, como muitos de vocês atestaram, foram capazes de melhorar a qualidade de suas vidas para um grau extraordinário. Esse trabalho individual ainda é extremamente útil e precisa continuar até que todas as pessoas deste planeta tenham uma vida cheia de saúde, felicidade, contentamento e amor.

Agora é o momento para capturarmos essas ideias a aplicá-las na sociedade como um todo, para levá-las à corrente atual. Para auxiliar na melhoria da qualidade de vida de todos. Nossa recompensa será um mundo tranquilo e agradável em que nós, como idosos, possamos deixar nossas portas destrancadas, caminhar livremente à noite e saber que nossos vizinhos estão aqui para nos aceitar, apoiar e ajudar, caso seja necessário.

Podemos mudar nossos sistemas de crença. Mas, para fazê-lo, nós, como Idosos de Excelência, precisamos eliminar a mentalidade de vítima. Enquanto nos virmos como indivíduos inúteis, sem poder, enquanto dependermos do governo para "consertar" as coisas para nós, nunca progrediremos como um grupo. No entanto, quando nos unimos e surgimos com soluções criativas para nossa velhice, então temos verdadeiro poder, pois é possível que mudemos nossa nação e nosso mundo para melhor.

Algumas palavras para os *baby boomers*

Eu gostaria de dizer algumas palavras para vocês *baby boomers*,* que estão agora apenas começando a entrar nos 50 anos.

Como vocês querem amadurecer? Como vocês desejam que os Estados Unidos amadureçam? O que criamos para nós mesmos, criamos para nosso país. Teremos mais pessoas tendo vidas longas do que nunca na história. Queremos continuar com a mesma pasmaceira? Ou estamos preparados para realizarmos um salto quântico na consciência e criar uma maneira totalmente nova de viver para aqueles que estão na velhice?

Nós simplesmente não podemos esperar que o governo mude algo para nós. Washington, D.C. tornou-se um canteiro de interesses especiais e ganância. Pelo contrário, precisamos olhar dentro e descobrir nossos próprios tesouros, nossa própria sabedoria e então distribuí-los com amor para todo o restante da sociedade.

Baby boomers, pré-*baby boomers* e pós-*baby boomers*: eu apelo para que todos vocês se unam a mim para mudarmos da geração do "eu" para a geração do "nós". É divertido – há um grupo chamado Young Presidents' Organization (YPOs), que representa jovens líderes dos negócios e da sociedade. Porém, a maioria deles está trabalhando excessivamente e se matando porque não dedica tempo a ir para dentro de si e entrar em contato com sua sabedoria interior. Eles acumularam sua pilha de dinheiro e agora se perguntam: "Isso é tudo o que tem?". O que eles precisam fazer para mudar do "eu" para o "nós" é voltar-se ao serviço à sua comunidade e a seu país. Por quê? Porque eles são o grupo ideal de líderes para os Idosos de Excelência!

Cada um de nós, incluindo nossos políticos atuais, precisamos diariamente dedicar tempo para se entrar no silêncio. Se não dedicarmos o tempo para ir para dentro de nós e nos conectarmos com nossa sabedoria interior, não conheceremos as melhores decisões a tomar. É quase um ato de ignorância

---

*N.E.: *Baby boomers*: Pessoas nascidas entre 1945 e 1964.

assumir responsabilidade por outros e não dedicar tempo a ir para dentro de si e entrar em contato com o guia universal.

Prevejo um mundo em que os Líderes de Excelência e os Idosos de Excelência possam trabalhar juntos, de mãos dadas, para curar os Estados Unidos. Os Líderes de Excelência poderiam facilmente ter pais e mães que poderiam ser Idosos de Excelência. Poderíamos todos trabalhar juntos para discutir e executar planos para auxiliar nossa sociedade a funcionar de maneira mais produtiva. E esse plano poderia funcionar nos negócios, assim como em muitas outras áreas: cuidado à saúde, artes, qualquer que seja a área de trabalho/serviço. Há espaço para ajudar, não importa qual seja sua idade!

Recuperando seu poder

Sinto tão intensamente que nossos idosos têm sido tratados como uma sociedade descartável quando, na verdade, nossos idosos são os guias perfeitos para ajudar a reconstruir nosso mundo. Houve um tempo em que os idosos eram tratados com grande estima por suas contribuições e conhecimento, mas degradamos sua importância por meio de nossa criação e adoração de uma sociedade jovem. Que erro. A juventude é algo maravilhoso, mas os jovens também se tornam idosos. Todos nós precisamos ansiar uma velhice confortável e tranquila.

Em termos astrológicos, uma pessoa ainda não completou seu primeiro retorno de Saturno até os 29 anos de idade. Saturno, o professor, leva 29 anos para completar um ciclo de um mapa astrológico. Somente depois de você ter vivenciado todas as 12 áreas de sua vida você poderá então aplicar esse aprendizado em sua existência atual.

Como idosos, precisamos aprender a brincar novamente, nos divertir, rir, ser criança, se quisermos. Não merecemos ser jogados em um canto para que possamos definhar e morrer. E não seremos tratados dessa maneira, a menos que permitamos. Os idosos devem retornar e participar da vida por completo e compartilhar o que sabem com a geração mais jovem. As pessoas geralmente dizem: "Ó, se eu pudesse fazer de novo...". Bem, você pode! Acelerando o passo e assumindo um papel de liderança, mais uma vez tornando-se um membro da sociedade, você pode contribuir para um mundo novo e melhor.

Se você ou um parente frequenta um centro para idosos, em vez de falar sobre suas do-enças, fale a respeito de como vocês podem se unir e melhorar o seu canto da sociedade. O que você pode fazer para a vida melhorar para todos? Não importa o quão pequena é sua contribuição, ela é significativa. Se todos os idosos contribuírem com algo, poderemos melhorar nosso país.

Tornando-nos ativos em todos os segmentos da sociedade, veremos nossa sabedoria escorrendo para todos os níveis, por meio disso transformando nosso país em um lugar de bondade. Portanto, eu incito: Pise adiante, use sua voz, saia pelo mundo e VIVA! Essa é uma oportunidade para você recuperar seu poder e criar um legado do qual sentirá orgulho de passar para seus netos e para os netos deles.

É meu desejo ardente inspirar e capacitar idosos em todos os lugares para contribuir para a cura de nosso país. Idosos, vocês são a geração para mudar as coisas. Vocês são as pessoas. Vocês são o governo. Vocês são aqueles que podem fazer mudanças. E seu tempo é AGORA.

Devemos todos parar de seguir líderes que nos fazem seguir os caminhos errados. Devemos parar de acreditar que a ganância e o egoísmo trará algum bem permanente para nossas vidas. Devemos nos amar antes de tudo e ter compaixão de nós mesmos. Então podemos dividir esse amor e essa compaixão com todos do planeta. Este é NOSSO mundo, e temos a habilidade de transformá-lo em um paraíso.

Cura planetária ou global é uma resposta à consciência de que o que vivenciamos em nosso mundo externo é um reflexo para os padrões energéticos dentro de nós. Uma parte importante de qualquer processo de cura é admitir nossa ligação e contribuição à Vida como um todo e iniciar o processo de projetar energia positiva de cura para esse mundo. Esse é um lugar em que muitos de nós nos prendemos em nossa própria energia, inconsciente do poder curativo de doar e dividir. A cura é um processo contínuo, então, se esperarmos até estarmos "curados" para começar a dividir o amor, poderemos nunca ter a oportunidade de fazê-lo.

Minha esperança para nosso país

Eu não tenho todas as respostas, mas eu os incito, aqueles com os conhecimentos e meios de fazê-lo, dê um passo adiante e ajude a curar nosso planeta.

Nossos fardos tendem a nos envelhecer, mas se cada um de nós fizer um pouquinho, podemos efetuar mudanças profundas. Por exemplo, há um dentista em Los Angeles que começou a prestar serviços gratuitamente a sem-tetos. Você consegue imaginar ser um sem-teto e ter um canal doendo? Esse homem disse: "Se cada dentista de Los Angeles doasse uma hora por semana, todos os sem-tetos da cidade poderiam receber tratamento".

Nós geralmente nos sentimos oprimidos por nossos problemas, mas se cada um doar uma fração de nosso tempo para tratar das questões que nos afetam, muitos problemas poderiam ser resolvidos. Muitos idosos se encontram em uma idade na qual não têm nada a perder. Eles não têm empregos ou casas a perder porque atingiram sua segurança financeira. Idosos que *têm* podem auxiliar idosos que *não* têm. Tenho certeza que muitos dos idosos abastados deste país poderiam ser convencidos a dividir uma parte de seu dinheiro se mostrássemos a eles uma maneira de ser honrados e admirados pela sociedade.

É verdade que muitos de nossos problemas atuais foram criados por esses idosos ricos de minha geração, que outrora estiveram na linha de frente da ganância corporativa. Eles observaram as consequências do egoísmo, do comportamento avarento da parte de grandes negócios e determinados indivíduos. Mas agora há um papel maior para essas pessoas desempenharem. Uma parte da cura dos Estados Unidos. Eles ainda podem ser os mandachuvas, mas agora eles podem fazê-lo como curadores, em vez de abusadores. Eles não conseguem doar facilmente alguns milhões aqui e ali para fazer com que nossa sociedade seja grandiosa novamente.

Eu realmente acredito que quando todos participarem de nosso processo de cura do país, nós poderemos rejuvenescer, em vez de envelhecer. Sei que é possível. Pode levar até três gerações para alcançar o rejuvenescimento e torná-lo uma coisa normal e natural, mas os idosos de hoje podem ser pioneiros e liderar o caminho. Alguns livros sobre o processo de rejuvenescimento estão sendo escritos atualmente. *New Cells, New Bodies, New Lives*, de Virginia Essene, fornece-nos novas ideias para reflexão. Eu sei que o rejuvenescimento pode ser realizado; é só uma questão de descobrir como.

Os *baby boomers* que estão se aproximando dos 50 anos de idade neste momento podem pensar a respeito de como gostariam de se aproximar de sua velhice e como querem ser úteis. As gerações mais jovens podem mudar a maneira na qual enxergam os idosos e tomar decisões a respeito de como querem ser quando chegarem a esse estágio.

As crianças são sempre perguntadas na escola: "O que você quer ser quando crescer?" Ensinam a planejar seu futuro. Precisamos tomar a mesma atitude e planejar nossa velhice. O que queremos ser quando envelhecermos? Eu quero ser um Idoso de Excelência, contribuindo com a sociedade de todas as maneiras que puder. Maggie Kuhn, líder do grupo ativista The Gray Panthers, afirmou recentemente: "Eu quero morrer em um aeroporto, com a pasta na mão, simplesmente finalizando um trabalho benfeito".

Pense nestas perguntas: Como você pode servir? O que você fará para ajudar a curar os Estados Unidos? Qual legado deseja deixar para seus netos? Essas são perguntas importantes para fazermos a nós mesmos à medida que entramos nos 20, 30 e 40 anos. Então entraremos nos 50 e 60 anos e ainda teremos um mundo de oportunidades diante de nós. Recordo-me de ouvir alguém dizer recentemente: "Eu soube que estava envelhecendo quando as pessoas pararam de me dizer que eu tinha a vida inteira pela frente".

Bem, você *realmente* tem sua "vida inteira" pela frente. O que mais você preparará para sua "morte inteira"? É claro que não! Agora é tempo de viver, admitir seu autovalor, sentir orgulho do título Idosos de Excelência.

Eu honro todos vocês que têm a coragem de seguir adiante com as ideias que apresentei aqui. Sim, pode haver resistência, pode haver algum grau de sofrimento. Mas, e daí? Somos idosos e invencíveis!

AFIRMAÇÕES PARA OS IDOSOS DE EXCELÊNCIA

(Você poderá desejar repetir as seguintes afirmações quando acordar pela manhã e antes de ir para a cama, à noite.)

EU SOU JOVEM E BELO... EM TODAS AS IDADES.

EU CONTRIBUO COM A SOCIEDADE DE MANEIRAS GRATIFICANTES E PRODUTIVAS.

ESTOU NO COMANDO DE MINHAS FINANÇAS, MINHA SAÚDE E MEU FUTURO.

SOU RESPEITADO POR TODOS AQUELES COM QUEM ESTOU EM CONTATO.

EU HONRO E RESPEITO AS CRIANÇAS E OS ADOLESCENTES EM MINHA VIDA.

EU HONRO E RESPEITO TODOS OS IDOSOS EM MINHA VIDA.

EU VIVO TODOS OS DIAS AO MÁXIMO.

EU TENHO NOVOS E DIFERENTES PENSAMENTOS TODOS OS DIAS.

MINHA VIDA É UMA AVENTURA GLORIOSA.

EU ESTOU PRONTO PARA VIVENCIAR TUDO O QUE A VIDA TEM PARA OFERECER.

MINHA FAMÍLIA ME APOIA, E EU APOIO A ELES.

EU NÃO TENHO LIMITAÇÕES.

TENHO TODA A VIDA PELA FRENTE.

EU FALO COM CLAREZA; MINHA VOZ É OUVIDA PELOS LÍDERES DA SOCIEDADE.

EU DEDICO TEMPO PARA BRINCAR COM MINHA CRIANÇA INTERIOR.

EU MEDITO, FAÇO CAMINHADAS SILENCIOSAS, CONTEMPLO A NATUREZA; APRECIO PASSAR TEMPO SOZINHO.

RIR É UMA GRANDE PARTE DE MINHA VIDA; EU NÃO RETENHO NADA.

EU PENSO EM MANEIRAS DE AJUDAR A CURAR O PLANETA, E EU AS IMPLEMENTO.

EU TENHO TODO O TEMPO DO MUNDO.

MINHA VELHICE SÃO MEUS ANOS PRECIOSOS

Eu me alegro com cada ano que passa. Minha fartura de conhecimento cresce, e estou em contato com minha sabedoria. Eu sinto a orientação de anjos em cada etapa da caminhada. Minha velhice são meus anos preciosos. Eu sei viver. Eu sei como me manter jovem e saudável. Meu corpo é renovado a cada momento. Estou cheio de energia, vivaz, saudável, cheio de vida e contribuindo para meu último dia. Estou em paz com minha idade. Crio o tipo de relacionamento que desejo ter. Crio a prosperidade de que preciso. Eu sei ser triunfante. Minha velhice são meus ANOS PRECIOSOS, e me tornei um IDOSO DE EXCELÊNCIA. Eu agora contribuo com a vida de todas as maneiras que consigo, sabendo que tenho o amor, a alegria, a paz e a sabedoria infinita agora e para todo o sempre. E assim seja!

Capítulo Oito

Morte e Morrer: a Transição de Nossa Alma

"Viemos a este planeta para aprender determinadas lições e então seguirmos em frente..."

Morte – uma parte natural da vida

DESDE QUE INICIEI MEU TRABALHO com pessoas convivendo com *aids*, centenas já morreram. Estar perto de algumas dessas pessoas durante o fim de suas vidas me deu uma compreensão da morte que eu não havia tido antes. Outrora pensava na morte como uma experiência assustadora. Agora sei que é apenas uma parte normal e natural da vida. Gosto de pensar na morte como "deixar o planeta".

Acredito que cada um de nós vem a este planeta para aprender determinadas lições. Quando essas lições são aprendidas, vamos embora. Uma lição para uma certa existência pode ser curta. Talvez precisássemos vivenciar o aborto, então não saímos do útero com vida. Talvez tenha havido uma decisão de alma entre nossos pais e nós para aprendermos as lições de amor e compaixão por meio de crianças mortas. Poderíamos ter precisado de apenas alguns dias ou meses e ir embora por meio da morte no berço.

Algumas pessoas utilizam a do-ença como sua maneira de deixar o planeta. Elas criam uma vida que não parece possível colocar em ordem, então decidem que é preferível ir embora agora e resolver isso em outra oportunidade. Algumas pessoas escolhem deixar o planeta de um modo dramático – talvez em um acidente de carro ou uma queda de avião.

Sabemos que alguém está sendo curado virtualmente de todas as do-enças que fomos capazes de criar. E mesmo assim muitas pessoas usam a do-ença como uma maneira de ir embora quando é seu momento de partir. Morrer por meio de do-ença é uma maneira socialmente aceitável de ir embora.

Não importa a maneira que partimos ou quando vamos embora, acredito que seja uma escolha da alma e que ocorrem na sequência de tempo/espaço perfeitos. Nossas almas nos permitem que partamos de uma maneira que é melhor para nós no momento. Quando observamos o exemplo maior que é a vida, é impossível julgarmos algum método de partir.

Superando o medo da morte

Percebi que as pessoas com mais raiva, ressentimento e amargura parecem ter mortes mais difíceis. Geralmente há sofrimento, medo e culpa associados à sua passagem. Aqueles que estão em paz consigo e compreendem o valor do perdão para si mesmos e para os outros têm as passagens mais tranquilas. Aqueles que foram ensinados a "ferro e fogo", por outro lado, são os mais aterrorizados com a possibilidade de ir embora.

Se você teme deixar o planeta, recomendo que leia um dos muitos livros que tratam das experiências de quase morte das pessoas. A obra de Dr. Raymond Moody, *Life After Life*, e a de Dannion Bradley, *Saved by the Light*, são trabalhos esclarecedores e inspiradores que revelam como um encontro próximo com a morte pode alterar por completo a percepção de vida de alguém, e também remover todo o medo de morrer.

Do mesmo modo que é importante saber em que acreditamos em relação a diferentes questões da vida, também é mais importante ser muito claro quanto ao que você está escolhendo acreditar em relação à morte. Muitas religiões, enquanto tentam nos manipular para nos comportarmos de acordo com suas regras, nos fornecem imagens assustadoras da morte e da vida após a morte. Eu realmente acredito que é muito perverso dizer a alguém que ele queimará no inferno para sempre. Esse tipo de conversa é pura manipulação. Não ouça as pessoas que vendem o medo.

Então, mais uma vez, sugiro que faça uma lista intitulada: "Em que acredito em relação à morte". Liste todas as coisas que vierem à sua mente. Não importa o quão tolo elas soem, elas estão em seu subconsciente. Se tiver muitas mensagens negativas dentro de você, então realize o trabalho de mudar essas crenças. Medite, estude, leia livros e aprenda a criar para si uma crença positiva e incentivadora a respeito do pós-morte.

O que acreditamos torna-se verdade para nós. Se você acredita em inferno, provavelmente irá para lá durante um período até despertar para a verdade e modificar sua consciência. Eu realmente creio que céu e inferno sejam estados de espírito, e podemos vivenciar ambos enquanto estivermos na Terra.

Temer a morte interfere na vida. Enquanto não estivermos em paz em relação à morte, não conseguiremos de fato começar a viver.

Um tempo para viver e um tempo para morrer

É chegado um momento na vida de cada pessoa em que ele ou ela deve aceitar que a morte é AGORA. Acredito que precisamos estar em paz com o tempo, não importa qual seja. Queremos aprender a aceitar a morte, permitir-nos passar pela experiência oferecida com admiração e paz, em vez de medo.

As pessoas geralmente possuem opiniões muito fortes em relação ao suicídio, e eu fui criticada em relação à minha. Acredito que se suicidar porque um relacionamento chegou ao fim ou porque você foi à falência, ou por causa de outros problemas da vida, é muito tolo. Perdemos a oportunidade de aprender a crescer. E se recusamos a lição desta vez, então na próxima vida a lição virá à tona mais uma vez.

Lembre-se das muitas vezes em que você esteve em apuros e não sabia como sair disso? Bem, você conseguiu, e você está aqui. Encontrou uma solução. E se você tivesse se matado por causa disso? Veja toda a ótima vida que você teria perdido.

Por outro lado, nas vidas de algumas pessoas, chega um momento de grande e inexorável dor física que não pode ser aliviada. Elas estão tão profundamente imersas em uma do-ença excruciante que passaram do ponto de não haver retorno. Eu vi isso acontecer muitas vezes com a do-ença chamada *aids*. Quem sou eu para julgar alguém nessas circunstâncias que tenha escolhido tirar sua vida? Considero o chamado Doutor da Morte, dr. Jack Kervorkian, um homem muito compassivo que ajuda pessoas com do-enças terminais a encerrar suas vidas com dignidade.

Escrevi o seguinte para um amigo querido que estava morrendo conscientemente. Deu a ele grande conforto na ocasião. Muitas vezes durante o dia e à noite ele " se colocava em posição para a paz máxima". Eu também utilizei estas palavras para muitos outros que estavam no processo de partir...

ESTAMOS SEMPRE SEGUROS

Estamos sempre seguros.
É apenas mudança.
Desde o momento em que nascemos
Estamos nos preparando para sermos Envolvidos pela Luz
Mais uma vez.
Coloque-se em posição para a Paz Máxima.
Os anjos o cercam
E o estão guiando em cada etapa da jornada.
Não importa o que escolher
Será perfeito para você.
Tudo acontecerá na
Sequência perfeita de tempo/espaço.
Este é um momento de Alegria.
E para Regozijar-se.
Você está em seu caminho para Casa
Assim como nós todos.

***

Eu sempre pensei em minha própria passagem como
O FINAL DE UMA PEÇA.
A cortina final desce.
O aplauso chega ao final.
Eu vou para meu camarim e removo minha maquiagem.
A fantasia é deixada no chão.
Não sou mais o personagem.
Nu, caminho para a porta do teatro.
Assim que abro a porta, dou de encontro com um rosto sorridente.
É o novo Diretor,
Novos script e fantasia à mão.
Encho-me de alegria ao ver todos os meus fãs fiéis e entes amados me aguardando.
O aplauso é agradável e ensurdecedor.
Sou cumprimentado com mais amor do que jamais

tinha vivenciado antes.
Meu novo papel promete ser o mais emocionante
de todos os tempos.

Eu sei que a
Vida é sempre boa.
Onde quer que esteja
Tudo está bem.
Estou seguro.
Até mais tarde.
Tchau.

***

EU TAMBÉM VEJO A VIDA COMO UM FILME

Em cada existência
Sempre viemos no meio de um filme
E sempre vamos embora no meio do filme.
Não há momento certo,
Não há momento errado.
É apenas nosso momento.
A alma faz a escolha muito antes de chegarmos.
Viemos para vivenciar determinadas lições.
Viemos para nos amarmos.
Não importa o que "eles" disseram ou afirmaram
Viemos para cuidar
De nós mesmos e dos outros.

Quando aprendemos a lição do amor
Podemos ir embora com alegria.
Não há necessidade de dor ou sofrimento.
Sabemos que na próxima vez
Onde quer que escolhemos encarnar
Qualquer que seja o plano de ação
Levaremos todo o amor conosco.

***

O TÚNEL DO AMOR

*Nossa Última Existência é uma de
Libertação, Amor e Paz.
Nós nos libertamos e entramos no túnel de saída.
No fim do túnel, encontramos
Apenas Amor.
Amor, como o que jamais vivenciamos antes.
Amor completo, abrangente, incondicional
E Paz interior profunda.
Todos Aqueles que amamos estão aqui,
Aguardando e dando boas-vindas,
Cuidando e guiando.
Nunca ficaremos sozinhos de novo.*

*É tempo de grande alegria.
Um momento de rever
Nossa última encarnação
Amorosamente e simplesmente para obter Sabedoria.*

*LÁGRIMAS TAMBÉM SÃO BOAS!
Lágrimas são o rio da Vida.
Elas nos carregam por
Experiências que são profundamente emocionais.*

*ASCENSÃO FELIZ!
Você sabe que me unirei a você
No que parecerá
Com um piscar de olhos.*

***

Uma das últimas coisas que um amigo disse para mim foi: "Estamos dando tchau agora?". E eu respondi: "Nesta existência, sim".

Essas são algumas das ideias acerca da morte e de morrer. Agora formule a sua. Apenas certifique-se de que sejam confortadoras e amáveis.

A ESSÊNCIA DA VIDA ESTÁ SEMPRE CONOSCO

Eu me liberto do passado com facilidade e confio no processo da Vida. Fecho a porta para velhas mágoas e perdoo a todos, a mim inclusive. Visualizo uma corrente à minha frente. Eu pego todas essas experiências antigas, as velhas mágoas e dores, e as coloco na corrente e as observo começar a dissolver e descer até se dissiparem por completo e desaparecerem. Estou livre e todos em meu passado estão livres. Estou pronto para seguir adiante, para as novas aventuras que me aguardam. Existências vêm e vão, mas sou sempre eterno. Eu estou vivo e vigoroso, não importa em qual plano de ação eu esteja. O amor me cerca, agora e para todo o sempre. E assim seja!

AME-SE E AME SUA VIDA!

101 Pensamentos para a Vida!

Os PENSAMENTOS QUE TEMOS e as palavras que falamos estão moldando constantemente nosso mundo e nossas experiências. A maioria de nós tem um velho hábito de pensar negativamente e não perceber o mal que impomos sobre nós mesmos. No entanto, nunca estamos presos, pois sempre é possível modificar nossa maneira de pensar. À medida que aprendemos a escolher pensamentos positivos de modo consistente, aqueles antigos e negativos desvanecem.

Portanto, ao ler os seguintes pensamentos poderosos, deixe que as afirmações e as ideias percorram sua consciência. Seu subconsciente escolherá aqueles que são importantes para você no momento. Esses conceitos são como a fertilização do solo de sua mente. À medida que absorvê-los por meio de repetição, você lentamente enriquecerá a própria base de seu jardim da Vida. Tudo o que você plantar crescerá abundantemente. Vejo vocês vibrantes e saudáveis, cercados por beleza primorosa, com uma vida de amor e prosperidade, repleta de alegria e riso. Você está em um caminho maravilhoso de mudança e crescimento. Aproveite sua viagem.

1. MINHA CURA JÁ ESTÁ ACONTECENDO

Seu corpo sabe se curar. Tire o lixo negativo do caminho e então ame seu corpo. Alimente-o com comidas e bebidas nutritivas. Mime-o. Respeite-o. Crie uma atmosfera de bem-estar. Permita curar-se.

Minha boa vontade para perdoar inicia meu processo de cura. Eu permito que o amor de meu próprio coração me purifique, limpando e curando cada parte de meu corpo. Eu sei que sou merecedor da cura.

2. EU CONFIO EM MINHA SABEDORIA INTERIOR

Há um lugar dentro de cada um de nós que é totalmente conectado à sabedoria infinita do Universo. Nesse lugar estão todas as respostas para todas as perguntas que jamais faremos. Aprenda a confiar em seu eu interior.

Enquanto me ocupo com minhas questões diárias, ouço meu próprio guia. Minha intuição está sempre ao meu lado. Acredito que ela estará lá o tempo todo. Eu estou em segurança.

3. EU ESTOU DISPOSTO A PERDOAR

Se nos acomodarmos em uma prisão de ressentimento moralista, não conseguiremos nos libertar. Mesmo se não soubermos exatamente como perdoar, podemos estar dispostos a perdoar. O Universo responderá à nossa boa vontade e nos ajudará a encontrar o caminho.

O perdão de mim mesmo e dos outros me liberta do passado. O perdão é a resposta para quase todos os problemas. O perdão é um presente para mim mesmo. Eu perdoo e me liberto.

4. EU SOU PROFUNDAMENTE REALIZADO POR TUDO O QUE FAÇO

Nunca teremos a oportunidade de viver este dia novamente, portanto, queremos saborear cada momento. Há riqueza e abundância em tudo o que fazemos.

Cada momento do dia é especial para mim, pois sigo meus instintos mais elevados e ouço meu coração. Estou em paz com meu mundo e minhas questões.

5. EU CONFIO NO CURSO DA VIDA

Estamos aprendendo como a Vida funciona. É como aprender a utilizar seu computador. Quando você utiliza um computador pela primeira vez, aprende os processos básicos, simples – como ligá-lo e desligá-lo, abrir e salvar um documento, como imprimir. E ainda há muito mais que o computador pode fazer por você quando você aprender mais sobre seus aspectos. É a mesma coisa com a Vida. Quanto mais aprendemos seu funcionamento, mais maravilhas ela faz por nós.

Há um ritmo e uma fluência para a Vida, e eu faço parte disso. A vida me apoia e traz para mim apenas experiências boas e positivas. Confio no curso da Vida para trazer a mim meu bem maior.

6. EU TENHO O ESPAÇO DE VIDA PERFEITO

Nosso espaço de vida sempre é uma estampa de nosso atual estado de consciência. Se odiamos onde vivemos agora, então não importa para onde mudemos, que acabaremos odiando esse também. Abençoe sua atual residência com amor. Agradeça-a por suprir suas necessidades. Diga que você está se mudando e que novas pessoas maravilhosas estão se mudando para sua casa. Deixe amor quando você se mudar e sentirá amor na nova casa. Antes de eu encontrar minha residência atual, decidi que queria comprar uma casa de pessoas que estavam apaixonadas. É claro que foi exatamente isso o que eu encontrei. Meu lar é cheio de vibração do amor.

Vejo-me morando em uma casa maravilhosa. Ela supre todas as minhas necessidades e desejos. É uma bela localização e possui um valor com o qual eu consigo facilmente arcar.

7. EU CONSIGO ME LIBERTAR DO PASSADO E PERDOAR A TODOS

É possível não querermos abrir mão de velhas mágoas, mas nos prender a elas nos mantêm PRESOS. Quando abro mão do passado, meu momento atual torna-se mais rico e pleno.

Eu liberto a mim e a todos em minha Vida de antigas mágoas. Eles estão livres e eu estou livre para partir para novas e gloriosas experiências.

8. O PONTO DE FORÇA ESTÁ SEMPRE NO MOMENTO ATUAL

Não importa há quanto tempo você tem um problema, você pode começar a mudar este momento, pois, à medida que modificar sua forma de pensar, sua Vida também mudará.

O passado é história e não exerce poder sobre mim. Eu posso começar a ser livre neste momento. Os pensamentos de hoje criam meu futuro. Eu estou no comando. Agora aceito de volta meu próprio poder. Eu sou seguro e livre.

9. EU ESTOU SEGURO, É APENAS MUDANÇA

O que acreditamos torna-se realidade para nós. Quanto mais confiamos na Vida, mais a Vida está a nosso dispor.

Eu cruzo todas as pontes com alegria e facilidade. O "velho" revela-se em novas experiências maravilhosas. Minha Vida melhora o tempo todo.

10. EU ESTOU DISPOSTO A MUDAR

Todos nós queremos que a Vida e as demais pessoas mudem, mas nada em nosso mundo mudará até estivermos dispostos a fazer mudanças em nós mesmos. Geralmente, apegamo-nos tão firmemente a hábitos e crenças que não servem mais a nós de uma maneira positiva.

Eu estou disposto a me livrar de crenças antigas e negativas. Elas são apenas pensamentos que ficam no meu caminho. Meus novos pensamentos são positivos e satisfatórios.

11. É APENAS UM PENSAMENTO, E UM ENSAMENTO PODE SER MODIFICADO

Os cenários mais assustadores que podemos imaginar são apenas pensamentos. Podemos facilmente recusar a nos assustarmos dessa maneira. Você quer que seus pensamentos sejam seus melhores amigos – pensamentos que moldam seu mundo de maneira positiva. Pensamentos confortantes, agradáveis, amáveis, risonhos. Pensamentos de sabedoria e enaltecimento.

Eu não sou limitado por nenhum pensamento antigo. Eu escolho meus pensamentos com cuidado. Tenho novas compreensões constantemente e novas maneiras de olhar para meu mundo. Estou disposto a mudar e crescer.

12. CADA PENSAMENTO QUE TENHO ESTÁ CRIANDO MEU FUTURO

Estou sempre ciente de meus pensamentos. Sou como um pastor com um rebanho de ovelhas, e se uma delas se perder, eu a agrupo carinhosamente de volta à fila. Se eu percebo um pensamento desafetuoso e indelicado saindo, rápida e conscientemente o substituo por um afetuoso e agradável. O Universo está sempre me ouvindo e respondendo a meu processo de pensamento. Eu mantenho a fila o mais pura possível.

O Universo apoia totalmente cada pensamento que escolho ter e acreditar. Eu tenho escolhas ilimitadas em relação ao que posso pensar. Eu escolho equilíbrio, harmonia e paz; e eu os expresso em minha Vida.

13. NÃO HÁ CULPA

Se nos colocarmos por um momento no lugar de outra pessoa, então compreenderemos por que ela se comporta do modo que o faz. Todos nós nascemos lindos bebezinhos, completamente abertos e crentes na Vida, com muito autovalor e autoestima. Se não formos dessa maneira agora, então em algum lugar ao longo do curso, alguém nos ensinará, em contrapartida. Nós podemos desaprender a negatividade.

Eu me desfaço da necessidade de culpar alguém, incluindo a mim mesmo. Estamos todos fazendo o melhor que podemos em relação à compreensão, ao conhecimento e à consciência que temos.

14. EU ABRO MÃO DE TODAS AS EXPECTATIVAS

Se não tivermos expectativas específicas, então não podemos ser desapontados. No entanto, se amarmos a nós mesmos e soubermos que apenas o bem está diante de nós, não importa o que surgir, será gratificante.

Eu fluo de modo livre e amável em relação à Vida. Eu me amo. Eu sei que apenas o bem me espera em todas as direções.

15. EU ENXERGO DE MODO CLARO

A relutância em "enxergar" determinados aspectos de nossas vidas pode nublar nossa visão. Essa relutância em enxergar é, em geral, uma forma de proteção. Oftalmologistas fazem pouco para curar problemas oculares. Eles apenas prescrevem óculos cada vez mais fortes. Alimentação deficiente também pode contribuir para a visão deficiente.

Eu liberto todas as coisas do passado que obscurecem minha visão. Eu vejo a perfeição em tudo da Vida. Eu perdoo de boa vontade. Eu espalho amor em minha visão e enxergo com compaixão e compreensão. Meu claro discernimento é refletido em minha visão exterior.

16. ESTOU SEGURO NO UNIVERSO E TODA A VIDA ME AMA E ME APOIA

Eu carrego essa afirmação em minha carteira. Sempre que pego dinheiro, eu vejo: ESTOU SEGURA NO UNIVERSO E TODA A VIDA ME AMA E ME APOIA. É um bom lembrete do que é realmente importante em minha Vida.

Eu inspiro na plenitude e na riqueza da Vida. Eu observo com alegria enquanto a Vida me apoia abundantemente e provê a mim mais coisas boas do que consigo imaginar.

17. MINHA VIDA É UM ESPELHO

Cada pessoa em minha Vida é um reflexo de alguma parte minha. As pessoas que amo refletem os aspectos agradáveis de mim mesmo. As pessoas de quem desgosto refletem aquelas partes de mim que necessitam de cura.

Cada experiência na Vida é uma oportunidade para crescimento e cura.

As pessoas em minha Vida são realmente espelhos de mim. Isso me proporciona a oportunidade para crescer e mudar.

18. EU EQUILIBRO MEUS LADOS MASCULINO E FEMININO

Todos nós possuímos aspectos masculinos e femininos. Quando esses dois lados estão equilibrados, então estamos plenos e completos. O total machão não está em contato com o lado intuitivo de si. E uma mulher feminina fraca e delgada não está expressando o lado forte e inteligente de si. Todos nós precisamos dos dois lados.

As partes masculina e feminina de mim estão em perfeito equilíbrio e harmonia. Eu estou em paz e tudo está bem.

19. A LIBERDADE É MEU DIREITO DIVINO

Somos colocados neste planeta com total liberdade de escolha. E fazemos essas escolhas em nossas mentes. Nenhuma pessoa, lugar ou coisa podem pensar por nós se não permitirmos. Nós somos as únicas pessoas que pensam em nossa mente. Em nossas mentes temos liberdade total. O que escolhemos pensar e acreditar pode mudar nossas circunstâncias atuais além de nosso reconhecimento.

Eu sou livre para ter pensamentos maravilhosos. Eu me movimento além das limitações do passado em direção à liberdade. Eu estou agora me tornando tudo o que sou criado para ser.

20. EU LIBERTO TODOS OS MEUS MEDOS E DÚVIDAS

Medos e dúvidas são apenas mecanismos de atraso que nos impedem de ter o bem que afirmamos querer em nossas vidas. Então solte-os.

Agora escolho libertar-me de todos os medos destrutivos e dúvidas. Eu me aceito e crio a paz em minha mente e coração. Eu sou amado e estou em segurança.

21. A SABEDORIA DIVINA ME GUIA

Muitos de nós não desconhecemos que há dentro de nós uma sabedoria interior que está sempre do nosso lado. Não prestamos atenção em nossa intuição, e então nos perguntamos por que a Vida não funciona bem. Aprenda a ouvir sua voz interior. Você sabe exatamente o que fazer.

Eu sou guiado a fazer escolhas corretas durante todo este dia. A Inteligência Divina me guia continuamente na realização de meus objetivos. Eu estou em segurança.

22. EU AMO A VIDA

Quando acordo todas as manhãs, vivencio outro grande dia – um dia que nunca vivi antes. Eu terei minhas próprias experiências especiais. Eu estou contente por estar vivo.

É meu direito nato viver plena e livremente. Eu dou à Vida exatamente o que quero que a Vida dê a mim. Eu estou contente por estar vivo. Eu amo a Vida!

23. EU AMO MEU CORPO

Sou muito encantada por viver em meu corpo maravilhoso. Ele foi dado a mim para que seja utilizado pelo restante de minha Vida, e eu o trato com carinho e cuido dele amorosamente. Meu corpo é precioso para mim. Eu amo cada centímetro dele, dentro e fora, o que eu vejo e não vejo, cada órgão e glândula, cada músculo e osso, cada célula. Meu corpo responde a essa atenção dedicada fornecendo a mim saúde vigorosa e vivacidade.

Eu gero tranquilidade em minha mente, e meu corpo reflete essa tranquilidade com saúde perfeita.

24. EU TRANSFORMO CADA EXPERIÊNCIA EM UMA OPORTUNIDADE

Quando vivencio um problema, e todos nós temos, eu falo imediatamente: QUANDO ESTIVER FORA DESTA SITUAÇÃO, APENAS O BEM VIRÁ. ISSO É FACILMENTE RESOLVIDO PARA O BEM MAIOR DE TODOS OS INTERESSADOS. TUDO ESTÁ BEM E EU ESTOU EM SEGURANÇA. Eu repito essa declaração diversas vezes. Ela me mantém tranquila e permito que o Universo encontre a melhor solução. Eu geralmente fico assombrada em ver o quão rapidamente a questão pode ser resolvida de uma maneira que beneficia a todos.

Todo problema tem solução. Todas as experiências são oportunidades para eu aprender e crescer. Eu estou em segurança.

25. EU ESTOU EM PAZ

Profundamente, no centro do meu ser, há um poço infinito de paz. Como um lago de montanha profundo e sereno. Nenhuma pessoa, lugar ou caos externo pode me atingir quando estiver nesse espaço. Nesse espaço eu estou calmo. Eu penso claramente. Eu recebo ideias divinas. Eu estou muito tranquilo.

A paz divina e a harmonia me cercam e habitam em mim. Eu sinto a tolerância, a compaixão e o amor por todas as pessoas, inclusive por mim.

26. EU SOU FLEXÍVEL E HARMONIOSO

A Vida é uma série de mudanças. Aqueles de nós que são rígidos e inflexíveis na maneira de pensar geralmente se rompem quando os ventos da mudança sopram. Mas aqueles de nós que são como salgueiros se curvam facilmente e se adaptam a novas mudanças. Se nos recusarmos a mudar, a Vida passará e ficará para trás. Exatamente como um corpo flexível é mais confortável de estar, uma mente flexível é mais confortável para se viver.

Eu estou aberto ao novo e à mudança. Cada momento apresenta uma nova oportunidade maravilhosa para me tornar mais de quem eu sou. Eu fluo com a Vida facilmente e sem esforço.

27. EU AGORA VOU ALÉM DOS MEDOS E DAS LIMITAÇÕES DAS OUTRAS PESSOAS

Eu não sou o medo e as limitações de minha mãe, nem os de meu pai. Não sou nem mesmo meus próprios medos e limitações. Esses são apenas pensamentos falsos que pairam em minha mente. Eu posso apagá-los tão facilmente como limpar uma janela suja. Quando a janela de minha mente está limpa, consigo claramente enxergar os pensamentos negativos da maneira que eles são e posso escolher eliminá-los.

É "minha" mente que cria minhas experiências. Sou ilimitado em minha própria habilidade de gerar o bem em minha Vida.

28. EU SOU DIGNO DE AMOR

O amor incondicional foi ensinado a muitos de nós. Por essa razão, acreditamos que precisamos ganhar o amor. Sentimos que não somos dignos de amor se não tivermos um ótimo emprego ou um bom relacionamento ou um corpo como o de um modelo. Isso não faz sentido. Nós não temos de ganhar o direito de respirar. É dado por Deus pelo fato de existirmos. Então, o mesmo vale para o direito de amar e ser amado. O fato de existirmos significa que somos dignos do amor.

Eu não tenho de ganhar o amor. Eu sou digno de amor, porque existo. Os outros refletem o amor que eu tenho por mim.

29. MEUS PENSAMENTOS SÃO CRIATIVOS

Eu aprendi a amar meus pensamentos; eles são meus melhores amigos.

Digo "Saia!" para cada pensamento negativo que vem à minha mente. Nenhuma pessoa, lugar ou coisa tem qualquer poder sobre mim, pois eu sou o único pensador em minha mente. Eu crio minha própria realidade e tudo nela.

30. EU ESTOU EM PAZ COM MINHA SEXUALIDADE

Eu acredito que em muitas existências vivenciei cada tipo de sexualidade. Eu fui homem e mulher, heterossexual e homossexual. Às vezes, a sociedade reprovou minha sexualidade, e às vezes não. Minha sexualidade sempre foi uma experiência de aprendizado para mim, assim como é nesta existência. Não obstante, sei que minha alma não tem sexualidade.

Eu me alegro com minha sexualidade e com meu próprio corpo. Meu corpo é perfeito para mim nesta existência. Eu me aceito com amor e compaixão.

31. EU ESTOU EM PAZ COM MINHA IDADE

Para mim, é sempre agora. Sim, os números aumentam com o tempo. Porém, sinto-me tão jovem ou velho quanto escolho me sentir. Há pessoas aos 20 anos que são velhas, e há pessoas com 90 anos que são jovens. Eu sei que vim para este planeta para viver cada idade, e todas elas são boas. Cada idade se desdobra na seguinte tão facilmente quanto permito que aconteça. Eu mantenho minha mente saudável e feliz, e meu corpo segue o exemplo. Eu estou em paz com o lugar e a época em que me encontro, e anseio por todos os meus dias preciosos.

Cada idade tem suas alegrias e experiências especiais. Eu tenho sempre a idade perfeita para o ponto em que me encontro na Vida.

32. O PASSADO ACABOU

Eu não consigo voltar no tempo, exceto em minha mente. Eu consigo escolher repetir o dia de ontem se eu quiser. Porém, voltar o dia de ontem leva embora momentos preciosos de hoje – momentos que uma vez se foram não podem ser recuperados. Então, deixo o ontem passar e volto minha total atenção a este momento de hoje. Esse é meu momento especial e me alegro nele.

Este é um novo dia. Um que nunca vivi antes. Eu permaneço no Hoje e aprecio cada e todo momento.

33. EU ME LIBERTO DE TODO O CRITICISMO

As pessoas que são moralistas e críticas possuem o maior ódio por si mesmo de todos. Pelo fato de recusarem-se a fazer mudanças em si mesmos, apontam os dedos para todo mundo. Eles veem o mal em todos os lugares. Pelo fato de serem críticos demais, atraem muito para criticar. Uma das decisões mais importantes que podemos tomar para nosso próprio crescimento espiritual é se libertar totalmente de toda a crítica – de outros e, principalmente, de nós mesmos. Sempre temos a opção de ter pensamentos tranquilos, indelicados ou neutros. Quanto mais pensamentos tranquilos e amáveis tivermos, mais bondade e amor atrairemos em nossas vidas.

Eu apenas emito o que desejo receber em retorno. Meu amor e minha aceitação de outros são refletidos para mim em todos os momentos.

34. EU ESTOU DISPOSTO A ABRIR MÃO

Eu sei que cada pessoa possui orientação e sabedoria divinas dentro de si, portanto, não tenho de viver a vida por eles. Eu não estou aqui para controlar os outros. Estou aqui para curar minha própria Vida. As pessoas entram para minha Vida no momento certo, dividimos o tempo destinado a passarmos juntos, e então, no momento perfeito, elas vão embora. Eu as deixo ir embora carinhosamente.

Eu liberto os outros para vivenciarem o que quer que seja significativo para eles, e sou livre para criar o que é significativo para mim.

35. EU CONSIDERO MEUS PAIS CRIANCINHAS QUE PRECISAM DE AMOR

Quando temos problemas com nossos pais, geralmente nos esquecemos que eles também foram bebês inocentes. Quem os ensinou a ser perniciosos? Como podemos ajudá-los a curar sua dor? Todos nós precisamos de amor e cura.

Eu tenho compaixão pelas infâncias de meus pais. Agora sei que os escolhi porque eram perfeitos para o que eu tinha de aprender. Eu os perdoo e os liberto, e liberto a mim.

36. MEU LAR É UM REFÚGIO TRANQUILO

Lares que são amados e estimados irradiam esse amor. Mesmo se você estiver ali por um curto período, certifique-se de colocar amor nos cômodos. E se você tiver uma garagem, coloque amor ali também e a mantenha limpa e asseada. Pendure um quadro ou algo atraente, então, quando você chegar em casa, entre pela beleza.

Eu abençoo meu lar com amor. Eu coloco amor em cada canto, e meu lar responde amorosamente com afeto e conforto. Eu estou em paz.

37. QUANDO DIGO "SIM" PARA A VIDA, A VIDA DIZ "SIM" PARA MIM

A vida sempre diz SIM para você, mesmo quando você estava gerando negatividade. Agora que você tem conhecimento dessa lei da Vida, você pode escolher criar seu futuro positivo.

A vida reflete todos os meus pensamentos. Enquanto mantiver meus pensamentos positivos, a Vida trará apenas boas experiências.

38. HÁ MUITO PARA TODOS, INCLUSIVE PARA MIM

Há tanta comida neste planeta que poderíamos alimentar a todos. Sim, há pessoas passando fome, mas não é a falta de alimento, é a carência de amor que permite que isso aconteça. Há tanto dinheiro e tantas pessoas ricas no mundo – muito mais do que temos conhecimento. Se fosse tudo distribuído igualmente, dentro de um mês ou mais, aqueles que têm dinheiro agora teriam mais, e aqueles que neste momento são pobres, seriam mais uma vez pobres, pois a riqueza tem a ver com consciência e merecimento. Há bilhões de pessoas neste planeta, e mesmo assim você ouvirá pessoas dizendo que estão sozinhas. Se não estendermos a mão, o amor não poderá nos encontrar. Portanto, quando afirmo meu autovalor e meu merecimento, aquilo que desejo vem até mim na perfeita disponibilidade de tempo/espaço.

O Oceano da Vida é generoso em sua abundância. Todas as minhas necessidades e desejos são satisfeitos antes mesmo de eu pedir. O meu bem vem de todos os lugares, de todos e tudo.

39. TUDO ESTÁ BEM EM MINHA VIDA

Minha Vida sempre funcionou perfeitamente e eu não sabia. Eu não percebi que cada acontecimento negativo em meu mundo era a Vida refletindo de volta ao meu sistema de crenças. Agora que tenho conhecimento, posso programar conscientemente meu processo de pensamentos para ter uma Vida que funcione em todos os níveis.

Tudo em minha Vida funciona, agora e para todo o sempre.

40. MEU TRABALHO É PROFUNDAMENTE GRATIFICANTE

Quando aprendemos a amar o que fazemos, a Vida compreende que sempre teremos ocupações interessantes e criativas. Quando você está preparado emocional e mentalmente para a próxima etapa da Vida, esta a movimentará para ela. Dê o seu melhor à Vida hoje.

Eu faço o que amo e amo o que faço. Eu sei que estou sempre trabalhando no lugar certo, exatamente com as pessoas certas e que aprendo todas as lições valiosas de que minha mente necessita aprender.

41. A VIDA ME APOIA

Quando você segue as leis da Vida, a Vida o apoiará com abundância.

A Vida me criou para ser realizado. Eu confio na Vida e a Vida está sempre lá em cada transformação. Eu estou em segurança.

42. MEU FUTURO É GLORIOSO

Nossos futuros sempre representarão nossos pensamentos atuais. O que você está pensando e dizendo agora mesmo está criando seu futuro. Portanto, tenha pensamentos gloriosos, e você terá um futuro glorioso.

Eu agora vivo em amor, luz e alegria ilimitados. Tudo está bem em minha Vida.

43. EU ABRO NOVAS PORTAS PARA A VIDA

À medida que desço o corredor da Vida, há portas por todos os lados. Cada uma se abre para uma nova experiência. Quanto mais limpei os padrões de pensamentos negativos de minha mente, mais encontrei portas que se abrem para apenas experiências boas. Minha clareza de pensamento leva até mim o melhor que a Vida tem a oferecer.

Eu me alegro com o que tenho, e sei que experiências novas e frescas estão sempre à minha frente. Eu saúdo o novo de braços abertos. Eu acredito que a Vida será maravilhosa.

44. EU AFIRMO MEU PRÓPRIO PODER E CRIO MINHA PRÓPRIA REALIDADE AMOROSAMENTE

Ninguém pode fazê-lo por você. Apenas você pode fazer suas próprias declarações em sua mente. Se você der seu poder a outros, então não tem nenhum. Quando você afirma seu poder, ele é seu. Use-o sabiamente.

Eu peço mais compreensão, de modo que possa moldar consciente e amorosamente meu mundo e minhas experiências.

45. EU CRIEI AGORA UM NOVO EMPREGO MARAVILHOSO

Abençoe seu emprego atual com amor e deixe-o com amor para a próxima pessoa que assumir seu lugar, sabendo que você está se mudando para um novo nível de Vida. Mantenha puras e positivas suas afirmações para a nova posição. E saiba que você merece o melhor.

Eu sou totalmente aberto e receptivo a um nova posição maravilhosa, utilizando meus talentos criativos e habilidades, trabalhando com e para pessoas que amo, em um local maravilhoso e ganhando um bom dinheiro.

46. TUDO O QUE TOCO É UM SUCESSO

Sempre temos a opção de pensamentos de pobreza ou de prosperidade. Quando temos pensamentos de carência e limitação, é isso o que vivenciamos. Não há modos de você conseguir ser próspero se seu pensamento for empobrecido.

Para ser bem-sucedido, você precisa ter constantes pensamentos de prosperidade e abundância.

Eu agora estabeleci uma nova consciência a respeito do sucesso. Eu sei que posso ser tão bem-sucedido quanto decidir ser. Eu me movimento para dentro do Círculo Vencedor. Oportunidades de ouro estão em todos os lugares para mim. Prosperidade de todos os tipos é destinada a mim.

47. EU ESTOU ABERTO E RECEPTIVO A NOVAS FONTES DE RENDA

Quando estamos abertos e receptivos, a Vida encontrará novas maneiras de trazer renda para nós. Quando sabemos e afirmamos que desejamos tudo de bom, a única fonte infinita abrirá novos canais. Geralmente limitamos nosso próprio bem acreditando em renda fixa e outras ideias restritas. Abrir sua consciência abre os bancos do céu.

Eu agora recebo meu bem de fontes esperadas e inesperadas. Eu sou um ser ilimitado, aceitando de uma fonte ilimitada, em uma maneira ilimitada. Sou abençoado além de meus sonhos favoritos.

48. EU MEREÇO O MELHOR E ACEITO O MELHOR AGORA

A única coisa que impede que recebamos o bem em nossa Vida é não acreditarmos que o merecemos. Em algum lugar da infância aprendemos que não merecemos, e acreditamos. Agora é o momento de se livrar dessa crença.

Eu estou equipado mental e emocionalmente para desfrutar de uma vida próspera e agradável. É meu direito nato merecer tudo de bom. Eu reivindico meu bem.

49. A VIDA É SIMPLES E FÁCIL

As leis da Vida são simples, simples demais para muitas pessoas que querem sofrer e complicar as coisas. O QUE VOCÊ DÁ, RETORNA PARA VOCÊ. O QUE VOCÊ ACREDITA A SEU RESPEITO E SOBRE A VIDA TORNA-SE VERDADE PARA VOCÊ. É simples assim.

Tudo o que preciso saber em qualquer momento é revelado para mim. Eu confio em mim e confio na Vida. Tudo está bem.

50. ESTOU TOTALMENTE ADEQUADO A TODAS AS SITUAÇÕES

Saiba que você é muito mais do que pensa que é. Você é divinamente protegido. Você está conectado com a sabedoria infinita. Você nunca está sozinho. Você tem tudo o que precisa. É óbvio que você está adequado a todas as situações.

Eu estou unido ao poder e à sabedoria do Universo. Eu afirmo esse poder, e é fácil me levantar sozinho.

51. EU OUÇO COM AMOR AS MENSAGENS DE MEU CORPO

Ao primeiro sinal da menor das do-enças em seu corpo, em vez de dar dinheiro a empresas farmacêuticas, sente-se, feche os olhos, respire profundamente três vezes e vá para dentro de si, perguntando: O QUE EU PRECISO SABER? Seu corpo está tentando dizer algo. Se você corre para o armário de remédios, você está, em efeito, pedindo para seu corpo CALAR-SE! Por favor, ouça seu corpo; ele o ama.

Meu corpo está sempre trabalhando rumo à saúde ideal. Meu corpo quer ser uno e saudável. Eu coopero e me torno saudável, uno e completo.

52. EU EXPRESSO MINHA CRIATIVIDADE

Todos têm criatividade única dentro de si. É um ato de amor a si mesmo dedicar tempo a expressar essa criatividade, não importa o que seja. Se acreditamos estar ocupados demais para permitir tempo criativo, estamos perdendo uma parte muito recompensadora de nós mesmos.

Meus únicos talentos criativos e habilidades fluem por meio de mim e são expressados de maneiras profundamente satisfatórias. Minha criatividade é sempre muito procurada.

53. ESTOU EM PROCESSO DE MUDANÇA POSITIVA

Estamos sempre em processo de mudança. Eu costumava fazer muitas mudanças negativas; agora que aprendi a me libertar dos padrões antigos e obsoletos, minhas mudanças são positivas.

Eu estou me relevando de maneiras gratificantes. Apenas o bem pode vir até mim. Eu agora expresso saúde, felicidade, prosperidade e paz de espírito.

54. EU ACEITO MINHA SINGULARIDADE

Nenhum floco de neve é igual, nem duas margaridas. Cada pessoa é uma joia rara, com talentos e habilidades únicos. Limitamo-nos quando tentamos ser parecidos com outra pessoa. Alegre-se com sua singularidade.

Não há competição e comparação, pois somos todos diferentes e destinados a ser dessa maneira. Eu sou especial e maravilhoso. Eu me amo.

55. TODOS OS MEUS RELACIONAMENTOS SÃO HARMONIOSOS

Eu vejo apenas harmonia ao meu redor a todo o tempo. Eu contribuo de boa vontade com a harmonia que desejo. Minha Vida é minha alegria.

Quando criamos harmonia em nossas mentes e em nossos corações, a encontraremos em nossas vidas. O interior cria o exterior. Sempre.

56. É SEGURO OLHAR DENTRO DE SI

Geralmente ficamos assustados em olhar dentro de si, pois pensamos que encontraremos esse ser terrível. Porém, em vez do que "eles" podem ter-nos dito, o que encontraremos é uma bela criança que anseia por seu amor.

À medida que me movimento pelas camadas de opiniões e crenças de outras pessoas, vejo dentro de mim um ser magnífico – sábio e belo. Eu amo o que vejo em mim.

57. EU VIVENCIO O AMOR A QUALQUER LUGAR QUE VÁ

O que damos, retorna para nós, multiplicado e dobrado repetidas vezes. A melhor maneira de obter amor é dar amor. Amor pode significar aceitação e apoio, conforto e compaixão, bondade e generosidade. Eu certamente quero viver em um mundo com essas qualidades.

O Amor está em todos os lugares, e eu sou amoroso e amável. Amar as pessoas preenche minha Vida, e me encontro facilmente expressando amor aos outros.

58. AMAR OS OUTROS É FÁCIL QUANDO AMO E ACEITO A MIM

Não conseguimos de fato amar os outros até amarmos a nós mesmos. Caso contrário, o que chamamos de amor é realmente codependência, vício ou carência. Ninguém consegue amá-lo o suficiente se você não se amar. Você sempre dirá coisas como: VOCÊ REALMENTE ME AMA? E não há maneira possível de satisfazer outra pessoa que não ama a si. Haverá silêncio mal-humorado e ciúme. Portanto, aprenda a amar a si, e você terá uma Vida amável.

Meu coração está aberto. Eu permito que meu amor flua livremente. Eu amo a mim mesmo. Amo os outros e os outros me amam.

59. EU SOU BELO E TODOS ME AMAM

Eu uso muito essa afirmação quando estou caminhando em uma rua da cidade. Muito embora não ouçam, é maravilhoso ver quantas pessoas respondem a mim com sorrisos. Tente isso. Esta afirmação pode realmente fazer o seu dia quando estiver fora de casa.

Eu irradio aceitação e sou profundamente amado pelos outros. O Amor me cerca e me protege.

60. EU AMO E APROVO A MIM

Sem a autoaprovação apenas o bem vem. Não estamos falando de vaidade ou orgulho, os quais são apenas expressões do medo. Amar a si significa estimar e apreciar o milagre que você é. Você realmente tem valor e autovalor. Ame ser VOCÊ!

Eu aprecio tudo o que faço. Eu sou bom o suficiente exatamente da maneira que sou. Eu defendo a mim mesmo. Eu peço o que eu quiser. Eu afirmo meu poder.

61. EU SOU UMA PESSOA DECISIVA

É realmente seguro tomar decisões. Faça com autoridade. Se uma decisão vir a ser uma infeliz, então tome outra decisão. Aprenda a voltar para dentro de si e faça uma pequena meditação quando necessitar de uma solução. Você tem todas as respostas dentro de você. Pratique ir para dentro de si com frequência e você terá uma conexão boa e sólida com sua sabedoria interior.

Eu confio em minha sabedoria interior e tomo decisões facilmente.

62. SEMPRE ESTOU EM SEGURANÇA QUANDO VIAJO

Você cria sua consciência de segurança e, claro, ela irá com você para todos os lugares – não importa qual meio de transporte estiver utilizando.

Não importa qual meio de transporte escolher, eu estou em segurança e protegido.

63. MEU NÍVEL DE COMPREENSÃO ESTÁ CRESCENDO CONSTANTEMENTE

Quando compreendemos mais da Vida, vivenciamos mais coisas maravilhas da Vida. Pessoas que têm uma Vida limitada possuem uma compreensão muito limitada. Elas veem em preto e branco, sim ou não, e são geralmente motivadas por medo ou culpa. Permita que sua compreensão cresça, e você terá uma visão mais ampla e compassiva da Vida.

Todos os dias eu peço a meu Eu Superior a habilidade de aprofundar minha compreensão de Vida e ir além do julgamento e do preconceito.

64. EU AGORA ACEITO O PARCEIRO PERFEITO

Anote todas as qualidades que você quer em seu parceiro ideal e então assinale para se certificar de que está expressando essas qualidades também. Você pode precisar fazer algumas modificações internas antes de a pessoa certa aparecer.

O Amor Divino agora me conduz e permanece em mim um relacionamento agradável com meu parceiro perfeito.

65. A SEGURANÇA É MINHA AGORA E PARA TODO O SEMPRE

Nossos sistemas de crença são sempre evidentes em nossas experiências. Quando criamos segurança e proteção em nossas mentes, encontramos em nosso mundo. Afirmações positivas criam uma Vida positiva.

Tudo o que tenho e que sou está seguro e protegido. Eu vivo e me movimento em um mundo seguro e protegido.

66. A CURA DO MUNDO ESTÁ EM PROCESSO AGORA

Cada um de nós contribui constantemente com o caos ou a paz mundial. Cada pensamento indelicado, desarmonioso, negativo, receoso, crítico e prejudicial contribui com a atmosfera que produz terremotos, enchentes, secas, guerras e outros desastres. Por outro lado, cada pensamento amável, bondoso, tranquilo, incentivador e útil contribui com a atmosfera que produz bem-estar e cura para todos. Com que tipo de mundo você quer contribuir?

Todos os dias eu visualizo nosso mundo como sendo pacífico, completo e curado. Eu vejo cada pessoa sendo alimentada, vestida e abrigada.

67. EU ABENÇOO NOSSO GOVERNO COM AMOR

Nossa crença em um governo negativo produz apenas isso. Faça algumas afirmações positivas para nosso governo diariamente.

Eu afirmo que cada pessoa de nosso governo é amável, honesta, honrada e está trabalhando verdadeiramente para a melhoria de todo o povo.

68. EU AMO MINHA FAMÍLIA

Eu vi centenas de famílias separadas serem amavelmente reunidas ao fazer esta afirmação diariamente, durante três ou quatro meses. Quando estamos afastados de nossas famílias, enviamos geralmente muita energia negativa para a frente e para trás. Essa afirmação impede isso e abre o espaço para sentimentos agradáveis aflorarem.

Eu tenho uma família amável, harmoniosa, alegre e saudável, e todos temos uma comunicação excelente.

69. MINHAS CRIANÇAS SÃO DIVINAMENTE PROTEGIDAS

Se somos temerosos por nossos filhos, eles geralmente darão a nós coisas com que nos preocuparmos. Queremos que nossos filhos sintam-se livres e seguros na atmosfera mental com a qual o cercamos. Portanto, sempre faça afirmações positivas para seus filhos quando vocês estiverem separados.

A sabedoria divina reside dentro de cada um de meus filhos, e eles estão alegres, seguros e protegidos em qualquer lugar em que vão.

70. EU AMO TODAS AS CRIATURAS DE DEUS – ANIMAIS, GRANDES E PEQUENOS

Todas as criaturas, cada inseto, ave e peixe possui seu lugar especial na Vida. Eles são tão importantes quanto nós.

Eu me comunico de maneira fácil e amável com todas as criaturas vivas, e sei que elas merecem nosso amor e nossa proteção.

71. EU AMO VIVENCIAR O NASCIMENTO DE MEU BEBÊ

Nos nove meses antes do nascimento, converse e comunique-se com seu bebê. Prepare-se para a experiência do nascimento, de modo que seja agradável e fácil para ambos. Descreva o processo de nascimento para seu bebê nas maneiras mais positivas, de modo que ambos consigam cooperar mutuamente de maneiras incentivadoras. Crianças que não nasceram amam ouvir suas mães cantarem para elas e também amam música.

O milagre do nascimento é um processo normal e natural, e eu passo facilmente, sem esforço e de maneira agradável.

72. EU AMO MEU BEBÊ

Eu acredito que escolhemos nossos pais e nossos filhos em um nível de alma. Nossos filhos vieram para ser nossos professores. Há muito que podemos aprender com eles. Porém, o mais importante é o amor que pode ser dividido.

Meu bebê e eu temos uma relação alegre, amável e tranquila. Nós somos uma família feliz.

73. MEU CORPO É FLEXÍVEL

Manter minha mente flexível e ágil reflete na flexibilidade de meu corpo. A única coisa que nos mantém rígidos é o medo. Quando sabemos verdadeiramente que estamos divinamente protegidos e seguros, então podemos relaxar e apenas fluir com passividade da Vida. Certifique-se de incluir um horário para dançar em sua agenda.

A energia curativa flui constantemente por meio de cada órgão, articulação e célula. Eu me movimento de maneira fácil e sem esforço.

74. EU TENHO CONSCIÊNCIA

Diversas vezes ao dia, simplesmente pare e diga para si mesmo: EU TENHO CONSCIÊNCIA! Então respire profundamente e observe quanto mais você se torna consciente. Sempre há mais a vivenciar.

Eu aumento constantemente a consciência sobre mim mesmo, meu corpo e minha Vida. A consciência me dá força para estar no comando.

75. EU AMO ME EXERCITAR

Eu espero viver muito tempo e quero correr e dançar e ser flexível até meu último dia. Meus ossos fortalecem quando eu me exercito, e descobri muitas maneiras diferentes de apreciar os movimentos de todos os tipos. Os movimentos nos mantêm movimentando na Vida.

Os exercícios ajudam a me manter jovem e saudável. Meus músculos amam se movimentar. Eu sou uma pessoa vigorosa.

76. A PROSPERIDADE É MEU DIREITO DIVINO

As pessoas rapidamente se enraivecem quando ouvem que DINHEIRO É A COISA MAIS FÁCIL DE DEMONSTRAR. Mas é verdade. Devemos liberar nossas reações negativas e nossas crenças negativas primeiramente. Descobri que é mais fácil ministrar um workshop sobre sexualidade do que sobre dinheiro. Pessoas ficam incrivelmente bravas quando suas crenças em relação a dinheiro são desafiadas. As pessoas que querem muito dinheiro se esforçam ao máximo para se agarrar aos padrões restritivos. Qual é sua crença negativa em relação a dinheiro que o impede de tê-lo?

Eu mereço e aceito de boa vontade uma abundância de prosperidade fluindo em minha Vida. Eu dou e recebo alegre e carinhosamente.

77. EU ESTOU CONECTADO COM A SABEDORIA DIVINA

Sempre há uma resposta para cada pergunta. Uma solução para cada problema. Nunca estamos perdidos, solitários ou abandonados na Vida, pois temos conosco essa sabedoria infinita e orientação constante. Aprenda a confiar nela e você se sentirá seguro em toda sua Vida.

Diariamente eu entro em meu interior para me conectar com toda a sabedoria do Universo. Estou sendo constantemente conduzido e guiado de modos que são para meu bem maior e alegria máxima.

78. ATUALMENTE OLHO PARA A VIDA COM OUTROS OLHOS

Quando pessoas de fora da cidade vêm fazer uma visita, sempre me ajudam a ver meu mundo cotidiano por meio de outros olhos. Acreditamos que vimos tudo, e mesmo assim perdemos muito imediatamente ao nosso redor. Em minhas meditações matinais, peço para ver mais e compreender mais neste dia. Meu mundo é infinitamente maior do que eu tenho conhecimento.

Estou disposto a ver a Vida de maneira nova e diferente, perceber coisas que eu não notei antes. Um novo mundo aguarda minha nova visão.

79. ESTOU SINCRONIZADA COM A ATUALIDADE

Dentro de cada um de nós está a inteligência para compreender e utilizar todas as maravilhas existentes que preenchem nossas vidas. E se temos dificuldade em programar nosso aparelho de DVD ou computador, tudo o que temos a fazer é perguntar para uma criança. Todas as crianças da atualidade são digitalmente instruídas. E foi afirmado anteriormente: "E as crianças pequenas devem liderá-los".

Eu sou aberto e receptivo ao novo na Vida. Estou disposto a aprender a mexer em aparelhos de DVD, computadores e outros aparelhos eletrônicos maravilhosos.

80. EU MANTENHO MEU PESO PERFEITO

Junk food e alimentos excessivamente ricos contribuem com toda nossa saúde e condições de sobrepeso. Quando buscamos SAÚDE e reduzimos a carne vermelha, os laticínios e a gordura de nossos cardápios, o corpo automaticamente busca e estabelece seu peso perfeito. Corpos intoxicados são gordos. Corpos saudáveis têm o peso perfeito. Portanto, quando liberamos pensamentos tóxicos de nossas mentes, nossos corpos respondem gerando bem-estar e beleza.

Minha mente e meu corpo estão equilibrados e em sintonia. Eu atinjo e mantenho meu peso perfeito facilmente e sem fazer esforço.

81. EU ESTOU EM EXCELENTE FORMA

Houve um tempo em que todos nós comemos alimentos naturais e saudáveis. Atualmente temos de escolher com cautela entre as junk food *e as não comidas processadas para encontrar alimentos simples e saudáveis. Eu descobri que o quanto mais simples eu comer, mais saudável ficarei. Dê a seu corpo os alimentos que crescem e você crescerá.*

Eu cuido de meu corpo com carinho. Eu como alimentos saudáveis. Eu ingiro bebidas saudáveis. Meu corpo responde com excelente forma a todo o momento.

82. MEUS ANIMAIS SÃO SAUDÁVEIS E FELIZES

Eu me recuso a alimentar meus seis animais maravilhosos com porcarias ou alimentos enlatados. Seus corpos são tão importantes quanto o meu. Nós todos nos cuidamos.

Eu me comunico carinhosamente com meus animais, e eles me informam como posso fazê-los felizes, tanto mentalmente quanto fisicamente. Vivemos alegremente juntos. Estou em harmonia com toda a Vida.

83. EU TENHO NATURALMENTE BOAS MÃOS PARA PLANTAR

Eu amo a terra e a terra me ama. Eu faço tudo o que posso para torná-la rica e produtiva.

Toda planta que toco carinhosamente responde crescendo em toda sua glória. Estufas são felizes. Flores são vibrantemente bonitas. Frutas e legumes são abundantes e deliciosas. Eu estou em harmonia com a Natureza.

84. ESTE É UM DIA DE GRANDE CURA

A mente que contribui com a criação de uma do-ença é a mesma mente que cria o bem-estar. As células em meu corpo estão respondendo constantemente à atmosfera mental dentro de nós. Como as pessoas, elas fazem o seu melhor trabalho em um ambiente feliz e agradável. Então, encha sua Vida de alegria e você ficará feliz e saudável.

Eu me conecto com as energias curativas do Universo para curar a mim e àqueles ao meu redor que estejam prontos para serem curados. Eu sei que minha mente é uma ferramenta curativa poderosa.

85. EU AMO E RESPEITO OS IDOSOS EM MINHA VIDA

O modo com que tratamos os idosos agora é a maneira na qual seremos tratados quando ficarmos mais velhos. Eu acredito que nossa velhice pode se tornar nossos preciosos anos, e todos podemos nos tornar IDOSOS DE EXCELÊNCIA, levando nossa vida de maneira rica e plena, contribuindo com o bem-estar de nossa sociedade.

Eu trato os idosos em minha Vida com o máximo amor e respeito, pois sei que eles são sábios e maravilhosa fonte de conhecimento, experiência e verdade.

86. MEU CARRO É UM REFÚGIO SEGURO PARA MIM

Eu sempre envio amor para motoristas raivosos na estrada. Eu tenho ciência de que eles não sabem o que estão fazendo consigo mesmos. A raiva cria situações de raiva. Muito tempo atrás, desisti de ter raiva dos motoristas infelizes. Não estragarei meu dia porque você não sabe dirigir. Eu abençoo meu carro com amor e envio amor à minha frente na estrada. Por fazer isso, raramente há motoristas raivosos ao meu redor. Eles estão causando confusão com outros motoristas raivosos. Eu divido carinhosamente a estrada e quase sempre chego no horário, não importa qual seja o trânsito. Levamos nossa consciência para todos os lugares; onde vamos, nossa mente vai. E atrai experiências semelhantes.

Quando estou dirigindo meu carro, estou completamente segura, relaxada e confortável. Eu abençoo com amor os demais motoristas na estrada.

87. A MÚSICA ENRIQUECE MINHA VIDA

Todos nós dançamos com um ritmo diferente e somos satisfeitos com diferentes tipos de música. O que é edificante para uma pessoa pode ser um barulho terrível para outra. Eu tenho uma amiga que toca música de meditação para suas árvores, e isso enlouquece os vizinhos.

Eu preencho minha Vida com música harmoniosa e edificante que enriquece meu corpo e minha alma. Influências criativas me cercam e me inspiram.

88. EU SEI AQUIETAR MEUS PENSAMENTOS

Tempo sozinho e tempo interior nos dá a chance de renovar nossos espíritos. E tempo interior nos fornece a orientação que precisamos.

Eu mereço descansar e ficar em silêncio quando necessito, e eu crio um espaço em minha Vida em que consiga obter o que preciso. Estou em paz com minha solidão.

89. MINHA APARÊNCIA REFLETE MEU AMOR POR SI SÓ

Nossas roupas, nossos carros e nossas casas refletem a maneira com que nos sentimos em relação a nós mesmos. Uma mente dispersa produzirá objetos dispersos em todos os lugares. Quando trazemos paz e harmonia para nossos pensamentos, nossa aparência e todas as nossas posses automaticamente se tornam harmoniosos e agradáveis.

Eu me arrumo bem todas as manhãs e visto roupas que refletem meu apreço e meu amor em relação à Vida. Eu sou belo por dentro e por fora.

90. TENHO TODO O TEMPO DO MUNDO

O tempo se estende quando eu mais preciso e encolhe quando eu menos preciso. Tempo é meu criado, e eu o uso sabiamente. Aqui e agora, neste momento, tudo está bem.

Tenho muito tempo para cada tarefa que preciso realizar hoje. Sou uma pessoa poderosa, pois escolho viver no Momento Presente.

91. EU DOU A MIM MESMO FÉRIAS DO TRABALHO

Realizamos um trabalho melhor quando damos a nós mesmos curtos períodos de descanso. Um intervalo de cinco minutos a cada duas horas estimula suas mentes. Da mesma forma, férias beneficiam a mente e o corpo. Os viciados em trabalho, que nunca descansam ou brincam, tornam-se pessoas muito intensas. Raramente é divertido tê-los por perto. A criança em nós precisa brincar. Se nossa criança interior não estiver feliz, nós também não estaremos.

Eu planejo férias para mim, a fim de descansar minha mente e meu corpo. Fico dentro do orçamento e sempre me divirto maravilhosamente. Retorno ao trabalho relaxado e renovado.

92. AS CRIANÇAS ME AMAM

Precisamos estar em contato com todas as gerações. Condomínios de pessoas mais velhas e comunidades de aposentados carecem da risada de crianças. A conexão com as crianças mantém nossos corações jovens. A criancinha em nós ama brincar com crianças.

As crianças me amam e elas se sentem seguras ao meu redor. Eu as deixo ir e vir livremente. Meu eu adulto sente-se estimado e inspirado por crianças.

93. MEUS SONHOS SÃO UMA FONTE DE SABEDORIA

Sempre vou para a cama com pensamentos agradáveis para acalmar a base para o trabalho que desempenho em meus sonhos. Pensamentos agradáveis trazem respostas agradáveis.

Eu sei que muitas das perguntas que tenho acerca da Vida podem ser respondidas enquanto durmo. Eu me recordo claramente de meus sonhos quando me levanto todas as manhãs.

94. EU ME CERCO DE PESSOAS POSITIVAS

Quando permitimos que pessoas negativas preencham nossas vidas, torna-se cada vez mais difícil nos mantermos positivos. Então, não se permita ser reduzido com o modo de pensar negativo das pessoas. Escolha seus amigos com cuidado.

Meus amigos e parentes transpiram amor e energias positivas, e retorno esses sentimentos. Eu sei que devo me desfazer das pessoas em minha Vida que não me apoiam.

95. EU CUIDO DE MINHAS FINANÇAS COM AMOR

Cada conta que você paga é evidência de que alguém confiou em sua habilidade de ganhar dinheiro. Então, espalhe amor em todas as suas transações financeiras, incluindo o Imposto de Renda. Considere as taxas como se pagasse um aluguel para o país.

Eu assino meus cheques e pago minhas contas com gratidão e amor. Eu sempre tenho dinheiro suficiente em minha conta bancária para cuidar das necessidades e os luxos de minha vida.

96. EU AMO MINHA CRIANÇA INTERIOR

Conectar-se diariamente com sua criança interior, aquela que você foi um dia, contribui para seu bem-estar. Pelo menos uma vez por semana pegue sua criança interior pela mão e passe algum tempo com ela. Façam algo especial juntos – coisas que você amava fazer quando era muito pequeno.

A criança em mim sabe brincar, amar e surpreender-se. Quando apoio essa parte de mim, abre a porta de meu coração e minha Vida é enriquecida.

97. EU PEÇO AJUDA QUANDO PRECISO

Peças e vós recebereis. O Universo encontra-se em feliz repouso, aguardando que eu peça.

É fácil para mim pedir ajuda quando preciso. Sinto-me seguro no meio da mudança, sabendo que essa modificação é uma lei natural da Vida. Eu estou aberto ao amor e ao apoio dos outros.

98. FERIADOS SÃO UM MOMENTO DE AMOR E ALEGRIA

Presentes são maravilhosos para serem trocados, mas ainda melhor é o amor que você pode dividir com todos que encontrar.

Celebrar feriados com sua família e amigos é sempre divertido. Nós sempre temos tempo para rir e expressar gratidão pelas muitas bênçãos da Vida.

99. EU SOU PACIENTE E GENTIL COM TODOS COM QUEM ENCONTRO TODOS OS DIAS

Tente agradecer por algo todos aqueles que você encontrar hoje. Você ficará encantado com o quanto significa para eles. Você receberá mais do que dará.

Eu irradio pensamentos bondosos e agradáveis para caixas de loja, funcionários de restaurante, policiais e todos os outros com quem encontro durante o dia. Tudo está bem em meu mundo.

100. SOU UM AMIGO COMPREENSIVO

Quando um amigo vem até você com um problema, não significa necessariamente que eles querem que você o conserte. Provavelmente tudo o que eles querem é um ouvido solidário. Um bom ouvinte é um amigo valioso.

Eu estou em sintonia com os pensamentos e as emoções de outras pessoas. Eu dou conselhos e apoio meus amigos quando eles pedem, e apenas ouço com amor quando é apropriado.

101. MEU PLANETA É IMPORTANTE PARA MIM

Amar a Terra é algo que todos nós podemos fazer. Nossa bela terra fornece tudo o que precisamos, e necessitamos honrá-la a todo o momento. Fazer uma pequena prece para a terra todos os dias é uma coisa amável de se fazer. A saúde deste planeta é muito importante. Se não cuidarmos de nosso planeta, onde viveremos?

Eu abençoo este planeta com amor. Nutro a vegetação. Eu sou gentil com todas as criaturas. Eu mantenho o ar limpo. Eu como alimentos naturais e uso produtos naturais. Sou profundamente grato e estimo por estar vivo. Eu continuo a harmonizar, aperfeiçoar e curar. Eu sei que a paz começa comigo. Eu amo minha Vida. Eu amo meu mundo.

Obrigada por me permitir dividir algumas ideias com vocês! E assim seja!

Leitura Recomendada

Ame seu Corpo
Um Guia de Afirmações Positivas para Amar e Apreciar o seu Corpo

Louise L. Hay

Nesse livro, a autora de *best-sellers* Louise Hay mostra como AMAR O SEU CORPO! Ela oferece 54 tratamentos de afirmação pensados para ajudá-lo a criar um corpo belo, saudável e feliz.

Caso você esteja sendo desafiado por alguma parte em especial do seu corpo, sofra alguma rejeição ou não esteja feliz com o corpo que tem, utilize as afirmações correspondentes diariamente, até conseguir resultados positivos.

Utilizando esta ferramenta, você poderá desde aprender a amar o seu corpo como ele é ou até mesmo proporcionar mudanças físicas nele, com a força interna do seu próprio ser e do amor por si mesmo.

Mulheres Poderosas
Um Guia de uma Vida de Sucesso para Todas as Mulheres

Louise L. Hay

Muitas pessoas estão falando sobre todas as mudanças que ocorrerão na Terra. No entanto, nesse livro inspirador, a autora de *best-sellers* Louise L. Hay revela que as primeiras mudanças que veremos são as interiores. Ela aponta que quando nós, como mulheres, estivermos dispostas a modificar a nossa base interior, o nosso mundo, iremos operar em um nível muito mais expandido na vida.

www.madras.com.br

MADRAS® Editora — CADASTRO/MALA DIRETA

Envie este cadastro preenchido e passará a receber informações dos nossos lançamentos, nas áreas que determinar.

Nome _____
RG _____ CPF _____
Endereço Residencial _____
Bairro _____ Cidade _____ Estado _____
CEP _____ Fone _____
E-mail _____
Sexo ❑ Fem. ❑ Masc.   Nascimento _____
Profissão _____ Escolaridade (Nível/Curso) _____

Você compra livros:
❑ livrarias   ❑ feiras   ❑ telefone   ❑ Sedex livro (reembolso postal mais rápido)
❑ outros: _____

Quais os tipos de literatura que você lê:
❑ Jurídicos   ❑ Pedagogia   ❑ Business   ❑ Romances/espíritas
❑ Esoterismo ❑ Psicologia ❑ Saúde   ❑ Espíritas/doutrinas
❑ Bruxaria   ❑ Autoajuda   ❑ Maçonaria ❑ Outros:

Qual a sua opinião a respeito desta obra? _____
_____

Indique amigos que gostariam de receber MALA DIRETA:
Nome _____
Endereço Residencial _____
Bairro _____ Cidade _____ CEP _____

Nome do livro adquirido: <u>Vida</u>

Para receber catálogos, lista de preços e outras informações, escreva para:

MADRAS EDITORA LTDA.
Rua Paulo Gonçalves, 88 – Santana – 02403-020 – São Paulo/SP
Caixa Postal 12183 – CEP 02013-970 – SP
Tel.: (11) 2281-5555 – Fax.:(11) 2959-3090
www.madras.com.br

Este livro foi composto em Times New Roman, corpo 13/14.
Papel Offset 75g
Impressão e Acabamento
Orgráfic Gráfica e Editora — Rua Freguesia de Poiares, 133
— Vila Carmozina — São Paulo/SP
CEP 08290-440 — Tel.: (011) 6522-6368 — orcamento@orgrafic.com.br